DR. OETKER

LIEBLINGS APFELKUCHEN

Klassiker und neue Kreationen

DR. OETKER

LIEBLINGS APFELKUCHEN

Klassiker und neue Kreationen

Weltbild

Vorwort

Ingrid Marie, Jonagold und Elstar – die große Auswahl an Apfelsorten lädt dazu ein, mal wieder einen leckeren, saftigen Apfelkuchen zu backen. Ob in Spalten oder Scheiben geschnitten, gewürfelt oder als Mus – Äpfel lassen sich in allen erdenklichen Formen verarbeiten.

Probieren Sie mal Apfelkuchen aus der Form als Bratapfelkuchen oder klassische Tarte Tatin. Oder vom Blech als Apfel-Butterkuchen oder Rosmarin-Apfelkuchen für den Geburtstag und wenn viele Gäste erwartet werden.

Überraschen Sie Ihre Lieben mal mit einer Apfeltorte, z. B. der Apfel-Quark-Charlotte oder einer Grünen Apfeltorte.

Und wenn es mal nicht ganz so viel sein soll oder Sie mehr Abwechslung wollen, finden Sie auch passende Rezepte für Kleingebäck, wie Apfelmus-Rosinen-Muffins oder Apfeltaschen.

Lassen Sie sich verführen und verführen Sie mal wieder Ihre Lieben.

Apfel-Crumble

Zubereitungszeit: 50 Minuten, ohne Abkühlzeit | Backzeit: etwa 45 Minuten

12 Stücke | Pro Stück: E: 7 g, F: 17 g, Kh: 44 g, kJ: 1514, kcal: 361 | Einfach

Für die Füllung:

800 g Äpfel, z. B. Cox Orange

30 g Butter

1 Pck. Dr. Oetker Bourbon-Vanille-Zucker

Saft von 1 Zitrone

Für den Knetteig:

125 g Weizenmehl

30 g brauner Zucker

1 Pck. Dr. Oetker Bourbon-Vanille-Zucker

75 g weiche Butter

1 Röhrchen Butter-Vanille-Aroma

Für die Quarkcreme:

500 g Magerquark

2 Pck. Saucenpulver Vanille-Geschmack zum Kochen

Für die Streusel:

75 g Weizenmehl

75 g brauner Zucker

100 g weiche Butter

180 g Vitalis Knusper Flakes oder Müsli

Zum Bestäuben:

evtl. etwas Puderzucker

1 Für die Füllung Äpfel abspülen, abtrocknen, schälen und achteln. Butter in einem Topf zerlassen, die Äpfel mit dem Vanille-Zucker und dem Zitronensaft darin bei mittlerer Hitze etwa 5 Minuten dünsten. Topf von der Kochstelle nehmen und die Füllung abkühlen lassen.

2 Den Backofen vorheizen.
Ober-/Unterhitze: etwa 200 °C, Heißluft: etwa 180 °C

3 Für den Knetteig Mehl in eine Rührschüssel geben. Übrige Zutaten hinzufügen und alles mit einem Mixer (Knethaken) zunächst auf niedrigster, dann auf höchster Stufe gut durcharbeiten. Anschließend den Teig auf der leicht bemehlten Arbeitsfläche zu einem glatten Teig verkneten. Sollte er kleben, ihn in Frischhaltefolie gewickelt eine Zeit lang in den Kühlschrank legen.

4 Den Teig auf dem Boden einer Springform (Ø 28 cm, gefettet) ausrollen. Den Rand darumstellen und einen kleinen Rand formen.

5 Die Form auf dem Rost in den vorgeheizten Backofen schieben und den Boden **etwa 15 Minuten backen.**

6 Für die Quarkcreme Quark mit Saucenpulver in einer Schüssel mit einem Schneebesen verrühren.

7 Für die Streusel Mehl in eine Rührschüssel geben und mit dem Zucker mischen. Butter hinzufügen und alles mit einem Mixer (Rührstäbe) zu Streuseln von gewünschter Größe verarbeiten. Zum Schluss Knusper Flakes oder Müsli unterarbeiten.

8 Die Form auf einen Kuchenrost stellen und etwas abkühlen lassen. Zunächst die Apfelfüllung auf dem vorgebackenen Boden verteilen, darauf die Quarkcreme verstreichen und zum Schluss die Streusel daraufgeben.

9 Die Form wieder auf dem Rost in den heißen Backofen schieben und **bei gleicher Backofeneinstellung weitere etwa 30 Minuten backen.** Apfel-Crumble warm servieren und nach Belieben mit Puderzucker bestäuben.

Mohn-Streusel-Kuchen mit Äpfeln

Zubereitungszeit: 25 Minuten I Backzeit: etwa 45 Minuten

12 Stücke I Pro Stück: E: 4 g, F: 17 g, Kh: 27 g, kJ: 1183, kcal: 283 I Einfach

Für den Streuselteig:

150 g Weizenmehl

2 gestr. TL Dr. Oetker Backin

100 g Mohnsamen

100 g Zucker

1 Pck. Dr. Oetker Vanillin-Zucker

100 g Marzipan-Rohmasse

150 g Butter

Für die Füllung:

750 g säuerliche Äpfel, z. B. Boskop

1 Für den Streuselteig Mehl mit Backpulver in einer Rührschüssel mischen. Mohnsamen, Zucker und Vanillin-Zucker hinzugeben und untermischen.

2 Marzipan-Rohmasse grob raspeln. Butter in einem Topf zerlassen, mit den Marzipanraspeln verrühren und zu der Mohnmasse geben.

3 Die Zutaten mit einem Mixer (Rührstäbe) zu Streuseln von gewünschter Größe verarbeiten. Die Mohnstreusel zugedeckt in den Kühlschrank stellen.

4 Den Backofen vorheizen.
Ober-/Unterhitze: etwa 180 °C, Heißluft: etwa 160 °C

5 Für die Füllung Äpfel schälen, vierteln, entkernen und in Spalten schneiden. Gut die Hälfte der Streusel in eine Springform (Ø 28 cm, Boden gefettet) geben und leicht andrücken. Die Apfelspalten auf dem Teig verteilen. Die restlichen Streusel daraufstreuen.

6 Die Form auf dem Rost in den vorgeheizten Backofen schieben und den Kuchen **etwa 45 Minuten backen.**

7 Den Kuchen auf einem Kuchenrost stellen und etwa 10 Minuten abkühlen lassen. Dann aus der Form lösen und auf dem Kuchenrost erkalten lassen.

Tipp

Zur Weihnachtszeit können Sie den Teig mit einem ½ gestr. TL Zimt und 1 TL Dr. Oetker Finesse Orangenschalen-Aroma verfeinern.

Apfelkuchen mit Biskuitguss

Zubereitungszeit: 40 Minuten, ohne Abkühlzeit | Backzeit: etwa 60 Minuten
12 Stücke | Pro Stück: E: 6 g, F: 11 g, Kh: 43 g, kJ: 1268, kcal: 303 | Raffiniert

Für den Knetteig:

200 g Weizenmehl

75 g Puderzucker

1 Pck. Dr. Oetker Vanillin-Zucker

1 Ei (Größe M)

75 g Butter oder Margarine

Für die Füllung:

1,2 kg Äpfel, z. B. Elstar

1 Pck. Dr. Oetker Bourbon-Vanille-Zucker

½ TL gemahlener Zimt

½ TL gemahlener Ingwer

2 Msp. gemahlener Piment

40 g Rosinen

50 g gehackte Walnusskerne

Für den Biskuitguss:

3 Eier (Größe M)

50 g Zucker

100 g Weizenmehl

1 Msp. Dr. Oetker Backin

1 EL Speiseöl

etwas Puderzucker

1 Für den Teig Mehl in eine Rührschüssel geben. Restliche Zutaten hinzufügen und mit einem Mixer (Knethaken) auf höchster Stufe gut durcharbeiten. Anschließend auf der bemehlten Arbeitsfläche zu einem glatten Teig verkneten. Sollte er kleben, ihn in Frischhaltefolie gewickelt eine Zeit lang kalt stellen.

2 Zwei Drittel des Teiges auf dem Boden einer Springform (Ø 26 cm, gefettet) ausrollen. Den Springformrand darumstellen. Den restlichen Teig zu einer langen Rolle formen, auf den Teigboden legen und so an die Form drücken, dass ein etwa 3 cm hoher Rand entsteht.

3 Den Backofen vorheizen.
Ober-/Unterhitze: etwa 180 °C, Heißluft: etwa 160 °C

4 Für die Füllung die Äpfel schälen, vierteln, entkernen, quer in dünne Spalten schneiden und in eine Schüssel geben. Vanille-Zucker mit Zimt, Ingwer und Piment mischen, mit Rosinen und Walnusskernen zu den Apfelspalten geben und gut vermischen. Die Apfelmischung auf dem Teig verteilen. Die Form auf dem Rost in den vorgeheizten Backofen schieben. Den Kuchen **etwa 30 Minuten vorbacken.**

5 Für den Biskuitguss die Eier in einer Rührschüssel mit einem Mixer (Rührstäbe) auf höchster Stufe in etwa 1 Minute schaumig schlagen. Zucker in etwa 1 Minute unter Rühren einstreuen, dann noch etwa 2 Minuten weiterschlagen.

6 Mehl mit Backpulver mischen und kurz auf niedrigster Stufe unterrühren, Speiseöl hinzufügen. Den Biskuitguss nach etwa 30 Minuten Backzeit auf den heißen Kuchen geben und **bei gleicher Backofeneinstellung weitere etwa 30 Minuten backen.**

7 Die Form auf einen Kuchenrost stellen. Den Kuchen etwa 30 Minuten in der Form abkühlen lassen. Dann Springformrand lösen und entfernen. Den Kuchen auf einem Kuchenrost erkalten lassen und auf eine Tortenplatte umsetzen. Nach Belieben abgespülte, gut abgetropfte Apfelblätter auf die Tortenoberfläche legen, mit Puderzucker bestäuben und die Blätter entfernen.

Bananen-Apfel-Kuchen

Zubereitungszeit: 20 Minuten, ohne Abkühlzeit I Backzeit: etwa 35 Minuten

12 Stücke I Pro Stück: E: 3 g, F: 10 g, Kh: 21 g, kJ: 783, kcal: 187 I Einfach – schnell

Für den Streuselteig:

100 g Dinkelgrieß

50 g Maisgrieß (Polenta)

80 g gehackte Haselnusskerne

1 Pck. Dr. Oetker Bourbon-Vanille-Zucker

1–2 TL Dr. Oetker Finesse Geriebene Zitronenschale

80 g zerlassene, abgekühlte Butter

2 EL flüssiger Blütenhonig

2 mittelgroße Bananen

1 EL Zitronensaft

2 mittelgroße, säuerliche Äpfel, z. B. Elstar

2 EL Wild-Preiselbeeren (aus dem Glas)

1 Den Backofen vorheizen.
Ober-/Unterhitze: etwa 180 °C, Heißluft: etwa 160 °C

2 Für den Teig den Dinkel- und Maisgrieß in eine Rührschüssel geben. Haselnusskerne, Vanille-Zucker und Zitronenschale untermischen. Butter und Honig hinzufügen und mit einem Mixer (Rührstäbe) zu Streuseln verarbeiten. Die Hälfte der Streusel in einer Tarteform (Ø 26 cm, gefettet) verteilen und andrücken.

3 Die Form auf dem Rost in den vorgeheizten Backofen schieben. Boden **etwa 15 Minuten vorbacken.**

4 In der Zwischenzeit die Bananen schälen, zunächst der Länge nach durchschneiden und dann in Scheiben schneiden, mit Zitronensaft mischen. Die Äpfel abspülen, abtrocknen, evtl. mit Schale auf einer Haushaltsreibe grob raspeln.

5 Die Form auf einen Kuchenrost stellen. Bananenscheiben und Apfelraspel mit der restlichen Streuselmasse vermengen und auf den vorgebackenen, heißen Gebäckboden geben.

6 Die Form wieder auf dem Rost in den heißen Backofen schieben. Den Kuchen **bei gleicher Backofeneinstellung weitere etwa 20 Minuten backen.**

7 Die Form auf einen Kuchenrost stellen und den Kuchen etwas abkühlen lassen. Preiselbeeren mit einem Teelöffel in Klecksen auf dem warmen Kuchen verteilen. Den Kuchen erkalten lassen.

Den Kuchen mit Eierlikör-Schlagsahne servieren.

Tipp

Apfeltraum mit Mandeln

Titelrezept | Zubereitungszeit: 70 Minuten, ohne Kühl- und Abkühlzeit | Backzeit: 55–60 Minuten
12 Stücke | Pro Stück: E: 8 g, F: 22 g, Kh: 44 g, kJ: 1794, kcal: 429 | Mit Alkohol

Für den Knetteig:

250 g Weizenmehl

1 Msp. Dr. Oetker Backin

100 g Zucker

5 Tropfen Butter-Vanille-Aroma

2 Eigelb (Größe M)

150 g Butter oder Margarine

Für den Vanillebelag:

1 Pck. Dessert-Sauce Vanille-Geschmack (zum Kochen)

2 EL Zucker, 1 Eigelb (Größe M)

250 ml Milch

40 g Marzipan-Rohmasse

Für den Apfel-Mandel-Belag:

500 g Äpfel, z. B. Elstar

4 EL Zitronensaft

100 g brauner Rohrzucker

1 Pck. Dr. Oetker Bourbon-Vanille-Zucker

4 EL Calvados

100 g abgezogene, gemahlene Mandeln

3 Eiweiß (Größe M)

Zum Belegen und Bestreichen:

80 g ganze, abgezogene Mandeln

2 EL Kondensmilch

1 Für den Teig Mehl und Backpulver in einer Rührschüssel mischen. Restliche Zutaten hinzufügen und mit einem Mixer (Knethaken) zunächst auf niedrigster, dann auf höchster Stufe gut durcharbeiten. Den Knetteig auf der bemehlten Arbeitsfläche zu einem glatten Teig verkneten und in 3 gleiche Portionen teilen. Jede Portion in Frischhaltefolie wickeln und etwa 60 Minuten kühl stellen.

2 Für den Vanillebelag Saucenpulver mit Zucker, Eigelb und 4 Esslöffeln Milch verrühren. Restliche Milch in einem kleinen Topf aufkochen. Marzipan-Rohmasse in kleine Stücke brechen und unter Rühren in der Milch auflösen. Den Topf von der Kochstelle nehmen. Angerührtes Saucenpulver in die Marzipanmilch rühren. Die Sauce unter Rühren aufkochen, von der Kochstelle nehmen und abkühlen lassen, gelegentlich umrühren.

3 Den Backofen vorheizen.
Ober-/Unterhitze: etwa 200 °C, Heißluft: etwa 180 °C

4 Eine Portion Teig auf dem Boden einer Springform (Ø 26 cm, gefettet) ausrollen, mit einer Gabel mehrmals einstechen. Den Springformrand darumstellen. Die Form auf dem Rost in den vorgeheizten Backofen schieben. Den Knetteigboden **10–15 Minuten vorbacken.**

5 Während der Backzeit die zweite Portion Teig auf der bemehlten Arbeitsfläche zu einer runden Platte (Ø 26 cm) ausrollen und mit einer Palette auf ein Schneidbrett oder eine Tortenunterlage (etwas größer als die Teigplatte) ziehen und kühl stellen.

6 Die Springform auf einen Kuchenrost stellen, etwas abkühlen lassen. Die **Backofentemperatur um etwa 20 °C herunterschalten.**

7 Die restliche Portion Knetteig auf der bemehlten Arbeitsfläche zu einer Rolle (etwa 75 cm Länge) formen. Die Rolle auf den lauwarmen Knetteigboden in die Form legen und so an den Rand der Form drücken, dass ein etwa 3 cm hoher Teigrand entsteht. Den Vanillebelag auf den Knetteigboden streichen.

8 Für den Apfel-Mandel-Belag Äpfel schälen, vierteln, Kerngehäuse entfernen. Apfelviertel grob raspeln. Zitronensaft, braunen Zucker, Vanille-Zucker, Calvados und Mandeln unterrühren. Eiweiß steif schlagen und mit einem Teigschaber unterheben. Die Apfel-Mandel-Masse in die Form füllen und glatt streichen. Überstehenden Teigrand auf die Füllung legen.

9 Die kühl gestellte Teigplatte mit einem Teigrädchen in etwa 1 ½ cm breite Streifen schneiden. Die Teigstreifen gitterartig auf die Apfelmasse legen. Überstehende Teigstreifen abschneiden. Die Mandeln in die Zwischenräume des Teiggitters legen. Mandeln und Gitterstreifen mit Kondensmilch bestreichen. Die Form wieder auf dem Rost in den heißen Backofen schieben. Den Kuchen in **etwa 45 Minuten fertig backen.**

10 Die Form auf einen Kuchenrost stellen. Nach etwa 10 Minuten den Kuchen mit einem Messer vorsichtig vom Springformrand lösen. Kuchen erkalten lassen.

Apfel-Mohn-Kuchen

Zubereitungszeit: 60 Minuten, ohne Kühl- und Abkühlzeit | Backzeit: etwa 55 Minuten

12 Stücke | Pro Stück: E: 6 g, F: 21 g, Kh: 52 g, kJ: 1799, kcal: 430 | Etwas aufwändiger

Zutaten

Für den Knetteig:

300 g Weizenmehl

1 gestr. TL Dr. Oetker Backin

125 g Zucker

1 Pck. Dr. Oetker Vanillin-Zucker

1 Prise Salz

1 Ei (Größe M)

170 g weiche Butter

Für die Füllung:

1 kg Äpfel, z. B. Boskop

50 g Zucker

1 Msp. gemahlener Zimt

2 EL Zitronensaft

1 Pck. Dr. Oetker Finesse Geriebene Zitronenschale

100 g gehobelte Haselnusskerne

1 Ei (Größe M)

1 Pck. Dr. Oetker Vanillin-Zucker

250 g backfertige Mohnfüllung

Zubereitung

1 Für den Teig Mehl mit Backpulver in einer Rührschüssel mischen. Restliche Zutaten hinzufügen und mit einem Mixer (Knethaken) zunächst auf niedrigster, dann auf höchster Stufe gut durcharbeiten. Anschließend auf der bemehlten Arbeitsfläche zu einem glatten Teig verkneten. Den Teig in 3 gleiche Portionen teilen. Einzeln in Frischhaltefolie wickeln und etwa 60 Minuten kühl stellen.

2 Für die Füllung Äpfel schälen, vierteln und die Kerngehäuse entfernen. Die Viertel quer in dünne Scheiben schneiden. Mit Zucker, Zimt, Zitronensaft und Zitronenschale in einem Topf mischen und zugedeckt bei milder Hitze etwa 5 Minuten dünsten. Zwischendurch umrühren. Apfelmasse abkühlen lassen.

3 Gehobelte Nusskerne in einer Pfanne ohne Fett goldbraun rösten, auf einen Teller schütten und abkühlen lassen.

4 Den Backofen vorheizen.
Ober-/Unterhitze: etwa 180 °C, Heißluft: etwa 160 °C

5 Eine Portion Teig auf der leicht bemehlten Arbeitsfläche zu einer runden Platte (Ø 26 cm) ausrollen, auf den Boden einer Springform (Ø 26 cm, gefettet) legen und mit einer Gabel mehrfach einstechen. Springformrand darumlegen. Die Form auf dem Rost in den vorgeheizten Backofen schieben. Teig **etwa 10 Minuten vorbacken.**

6 Die Form auf einen Kuchenrost stellen, Teigboden etwas abkühlen lassen.

7 Die zweite Portion Teig zu einer etwa 75 cm langen Rolle formen. Die Rolle auf den Teigboden legen und so an den Formrand drücken, dass ein etwa 4 cm hoher Teigrand entsteht.

8 Für die Füllung Ei und Vanillin-Zucker mit einem Mixer (Rührstäbe) aufschlagen. Mohnfüllung und drei Viertel der gerösteten Nüsse unterrühren. Masse auf den Teigboden streichen. Restliche Nüsse unter die Apfelmasse mischen. Apfelmasse auf der Mohnfüllung verteilen.

9 Für das Gitter die letzte Portion Teig zu einer runden Platte (Ø 26 cm) ausrollen. Die Teigplatte mit einem Teigrädchen in etwa 1 ½ cm breite Streifen schneiden und gitterförmig auf die Füllung legen. Den überstehenden Teigrand abschneiden.

10 Die Form wieder in den Backofen schieben und **bei gleicher Backofeneinstellung in etwa 45 Minuten fertig backen.**

11 Die Form auf einen Kuchenrost setzen. Nach etwa 10 Minuten den Springformrand vorsichtig entfernen. Den Kuchen erkalten lassen.

Apfel-Holunder-Kuchen

Zubereitungszeit: 35 Minuten, ohne Kühlzeit | Backzeit: etwa 52 Minuten
12 Stücke | Pro Stück: E: 4 g, F: 17 g, Kh: 54 g, kJ: 1629, kcal: 390 | Traditionell

Für den Knetteig:

250 g Weizenmehl

100 g Butter oder Margarine

30 g Zucker

1 Ei (Größe M)

Für die Streusel:

120 g Zwieback

70 g brauner Zucker

½ TL gemahlener Zimt

1 Msp. frisch gemahlene Muskatnuss

120 g kalte Butter

Für die Füllung:

150 g Holundergelee

1 kg Äpfel

2 EL Zitronensaft

40 g Zucker

½ TL gemahlener Zimt

3 EL Weichweizengrieß

1 Für den Knetteig Mehl in eine Rührschüssel geben. Restliche Zutaten hinzufügen mit einem Mixer (Knethaken) zunächst kurz auf niedrigster, danach auf höchster Stufe gut durcharbeiten. Anschließend den Teig auf der leicht bemehlten Arbeitsfläche kurz verkneten. Den Teig in Frischhaltefolie gewickelt mindestens 30 Minuten in den Kühlschrank legen.

2 Für die Streusel den Zwieback im Blitzhacker fein mahlen und in eine Rührschüssel geben. Zucker, Zimt, Muskatnuss und in Stücke geschnittene Butter hinzufügen. Die Zutaten mit einem Mixer (Rührstäbe) zunächst kurz auf niedrigster, dann auf höchster Stufe zu Streuseln von gewünschter Größe verarbeiten. Teigstreusel zugedeckt in den Kühlschrank stellen.

3 Den Backofen vorheizen.
Ober-/Unterhitze: etwa 200 °C, Heißluft: etwa 180 °C

4 Den Knetteig auf der leicht bemehlten Arbeitsfläche zu einer runden Platte (etwa Ø 32 cm) ausrollen. Teigplatte vorsichtig in eine Tarteform (Ø 28 cm, gefettet) legen, dabei einen Rand andrücken. Den Teigboden mehrmals mit einer Gabel einstechen. Die Form auf dem Rost in den vorgeheizten Backofen schieben. Den Knetteigboden **etwa 12 Minuten vorbacken.**

5 Für die Füllung Gelee in einem kleinen Topf erwärmen. Äpfel abspülen, abtrocknen, vierteln, entkernen und in Spalten schneiden. Apfelspalten in eine Schüssel geben. Sofort mit Zitronensaft beträufeln. Gelee, Zucker, Zimt und 2 Esslöffel vom Grieß untermischen.

6 Die Form auf einen Kuchenrost stellen. Den Knetteigboden mit dem restlichen Grieß bestreuen. Zuerst die Apfel-Gelee-Mischung, dann die Streusel darauf verteilen.

7 Die Backofentemperatur um etwa 20 °C auf Ober-/Unterhitze: etwa 180 °C, Heißluft: etwa 160 °C reduzieren.

8 Die Form wieder auf dem Rost in den heißen Backofen schieben. Den Kuchen **weitere etwa 40 Minuten backen.**

9 Die Form auf einen Kuchenrost stellen. Den Kuchen erkalten lassen und in Stücke schneiden.

Nasser Apfelkuchen mit Zitronenguss

Zubereitungszeit: 30 Minuten I Backzeit: etwa 40 Minuten

12 Stücke I Pro Stück: E: 4 g, F: 16 g, Kh: 39 g, kJ: 1361, kcal: 325 I Raffiniert – mit Alkohol

Für den Rührteig:

200 g weiche Butter oder Margarine

150 g gesiebter Puderzucker

1 Pck. Dr. Oetker Vanillin-Zucker

1 Pck. Dr. Oetker Finesse Geriebene Zitronenschale

1 TL gemahlener Zimt

2 EL Marsala

4 Eier (Größe M)

200 g Weizenmehl

2 gestr. TL Dr. Oetker Backin

750 g Äpfel

Zum Aprikotieren:

2 EL Aprikosenkonfitüre

2 EL Wasser

Für den Guss:

50 g gesiebter Puderzucker

2 EL Zitronensaft

1 Den Backofen vorheizen.
Ober-/Unterhitze: etwa 180 °C, Heißluft: etwa 160 °C

2 Für den Teig Butter oder Margarine mit einem Mixer (Rührstäbe) auf höchster Stufe geschmeidig rühren. Nach und nach Puderzucker, Vanillin-Zucker, Zitronenschale, Zimt und Marsala unterrühren. So lange rühren, bis eine gebundene Masse entstanden ist.

3 Jedes Ei etwa ½ Minute unterrühren. Mehl mit Backpulver mischen und in 2 Portionen auf mittlerer Stufe unterrühren.

4 Äpfel schälen, vierteln, entkernen und in kleine Stücke schneiden. Apfelstücke unter den Teig heben. Den Teig in eine Springform (Ø 26 cm, Boden gefettet) geben und glatt streichen. Die Form auf dem Rost in den vorgeheizten Backofen schieben. Den Apfelkuchen **etwa 40 Minuten backen.**

5 Die Springform auf einen Kuchenrost stellen. Zum Aprikotieren Konfitüre durch ein Sieb streichen und mit Wasser unter Rühren aufkochen lassen. Den heißen Kuchen sofort damit bestreichen.

6 Für den Guss Puderzucker mit Zitronensaft zu einer dickflüssigen Masse verrühren. Den Kuchen damit bestreichen, aus der Form lösen und auf einem Kuchenrost erkalten lassen.

Apfel-Pie

Zubereitungszeit: 45 Minuten, ohne Kühlzeit I Backzeit: etwa 50 Minuten
14 Stücke I Pro Stück: E: 4 g, F: 18 g, Kh: 33 g, kJ: 1322, kcal: 316 I Klassisch

Für den Knetteig:

275 g Weizenmehl

1 gestr. TL Dr. Oetker Backin

60 g Zucker

1 Pck. Dr. Oetker Vanillin-Zucker

1 Prise Salz

1 Eiweiß (Größe M)

175 g Butter oder Margarine

75 g Crème fraîche

Für die Füllung:

1,2 kg Äpfel, z. B. Boskop oder Elstar

2 EL Zucker

½ TL gemahlener Zimt

3 EL abgezogene, gemahlene Mandeln

2 EL Semmelbrösel

1 EL Wasser

Zum Bestreichen und Bestreuen:

75 g Crème fraîche

1 Eigelb (Größe M)

1 EL Zimt-Zucker

40 g gestiftelte Mandeln

1 Für den Teig Mehl und Backpulver in einer Rührschüssel mischen. Zucker, Vanillin-Zucker, Salz, Eiweiß, Butter oder Margarine und Crème fraîche hinzufügen. Die Zutaten mit einem Mixer (Knethaken) zunächst kurz auf niedrigster, dann auf höchster Stufe gut durcharbeiten. Teig auf einer leicht bemehlten Arbeitsfläche zu einem glatten Teig verkneten. In Frischhaltefolie wickeln, etwa 1 Stunde kalt stellen.

2 Für die Füllung Äpfel schälen, vierteln und entkernen. Apfelviertel in Scheiben schneiden. Mit Zucker und Zimt vermengen.

3 Den Backofen vorheizen. Ober-/Unterhitze: etwa 200 °C, Heißluft: etwa 180 °C

4 Zwei Drittel des Teiges auf der bemehlten Arbeitsfläche zu einer runden Platte (Ø etwa 34 cm) ausrollen. Den Teig in eine Pie- oder Tarteform (Ø 28 cm, gefettet) legen und am Rand andrücken. Die Mandeln mit Semmelbröseln mischen und auf den Teigboden streuen. Die Apfelscheiben darauf verteilen. Überstehenden Teigrand auf die Apfelscheiben legen und mit Wasser bestreichen.

5 Restlichen Teig auf der bemehlten Arbeitsfläche zu einer runden Platte in Größe der Form ausrollen. Die Teigplatte auf die Apfelscheiben legen und am Rand andrücken. Die Teigplatte mehrmals mit einer Gabel einstechen. Die Form auf dem Rost in den vorgeheizten Backofen schieben. Pie **etwa 50 Minuten backen.**

6 Zum Bestreichen Crème fraîche mit dem Eigelb verrühren. Nach etwa 20 Minuten Backzeit die Teigdecke mit der Crème-fraîche-Masse bestreichen. Mit Zimt-Zucker und Mandeln bestreuen. Die Apfel-Pie in etwa 30 Minuten fertig backen.

7 Die Form auf einen Kuchenrost stellen. Die Apfel-Pie etwas abkühlen lassen und lauwarm servieren.

Säuerliche Äpfel sind zum Backen besser geeignet als süße Äpfel.

Tipp

Apfelkuchen mit Streuseln

Zubereitungszeit: 50 Minuten I Backzeit: 45–50 Minuten

14 Stücke I Pro Stück: E: 5 g, F: 14 g, Kh: 38 g, kJ: 1270, kcal: 303 I Mit Alkohol

Für den Rührteig:

150 g weiche Butter oder Margarine

150 g Zucker

1 Pck. Dr. Oetker Bourbon-Vanille-Zucker

1 Msp. gemahlener Zimt

1 Msp. gemahlener Koriander

½ Pck. Dr. Oetker Finesse Orangenschalen-Aroma

4 Eier (Größe M)

250 g Weizenmehl

2 gestr. TL Dr. Oetker Backin

2 EL Milch

Für den Belag:

etwa 750 g Äpfel, z. B. Boskop

Für die Streusel:

75 g Weizenmehl

1 geh. EL abgezogene, gemahlene Mandeln

30 g Zucker

1 Msp. gemahlener Zimt

40 g Butter oder Margarine

Zum Aprikotieren:

2 EL Aprikosenkonfitüre

2 TL Rum

1 Für den Rührteig Butter oder Margarine in einer Rührschüssel mit einem Mixer (Rührstäbe) geschmeidig rühren. Nach und nach den Zucker, Vanille-Zucker, Zimt, Koriander und Aroma unterrühren. So lange rühren, bis eine gebundene Masse entstanden ist.

2 Jedes Ei etwa ½ Minute unterrühren. Mehl mit Backpulver mischen, in 2 Portionen auf mittlerer Stufe unterrühren, Milch ebenfalls unterrühren. Den Teig in eine Springform (Ø 28 cm, Boden gefettet) geben und glatt streichen.

3 Den Backofen vorheizen.
Ober-/Unterhitze: etwa 180 °C, Heißluft: etwa 160 °C

4 Für den Belag Äpfel abspülen, abtrocknen, schälen, vierteln und entkernen. Die Apfelviertel mehrmals der Länge nach einschneiden und kranzförmig auf den Teig legen.

5 Für die Streusel Mehl in eine Rührschüssel geben. Mandeln, Zucker, Zimt und Butter oder Margarine hinzufügen. Die Zutaten mit einem Mixer (Rührstäbe) zunächst kurz auf niedrigster, dann auf höchster Stufe zu Streuseln von gewünschter Größe verarbeiten. Die Teigstreusel auf den Apfelstücken verteilen.

6 Die Form auf dem Rost in den vorgeheizten Backofen schieben. Den Apfelkuchen **45–50 Minuten backen.**

7 Die Form auf einen Kuchenrost stellen.

8 Zum Aprikotieren die Konfitüre durch ein Sieb streichen und mit dem Rum in einem kleinen Topf unter Rühren einkochen lassen. Den heißen Apfelkuchen damit bestreichen. Apfelkuchen erkalten lassen.

Apfeltarte mit Sonnenblumenkernen

Zubereitungszeit: 30 Minuten | Backzeit: etwa 35 Minuten

12 Stücke | Pro Stück: E: 3 g, F: 6 g, Kh: 23 g, kJ: 692, kcal: 166 | Fettarm

Zum Vorbereiten:

2 EL Sonnenblumenkerne

4 große, säuerliche Äpfel
(etwa 650 g), z. B. Boskop

1 EL Zitronensaft

Für den Knetteig:

200 g Weizenmehl

1 TL Dr. Oetker Backin

100 g Magerquark

3 EL Sonnenblumenöl

50 g Zucker

1 Prise Salz

1 Ei (Größe M)

3 EL Milch

Außerdem:

50 g Zucker

30 g Joghurt-Butter

1 Zum Vorbereiten die Sonnenblumenkerne in einer Pfanne ohne Fett unter Rühren goldbraun rösten. Die Äpfel schälen, vierteln, entkernen und in Spalten schneiden. Apfelspalten mit Zitronensaft beträufeln.

2 Den Backofen vorheizen.
Ober-/Unterhitze: etwa 180 °C, Heißluft: etwa 160 °C

3 Für den Teig Mehl mit Backpulver in einer Rührschüssel mischen. Quark, Sonnenblumenöl, Zucker, Salz, Ei und Milch hinzufügen. Die Zutaten mit einem Mixer (Knethaken) zunächst kurz auf niedrigster, dann auf höchster Stufe gut durcharbeiten.

4 Anschließend den Teig auf der leicht bemehlten Arbeitsfläche kurz zu einer Kugel formen. Die Teigkugel zu einer runden Platte (Ø etwa 30 cm) ausrollen und in eine Wähen- oder Tarteform (Ø 28 cm, gefettet) legen. Den Rand andrücken.

5 Vorbereitete Apfelspalten kreisförmig auf den Teigboden legen und mit gerösteten Sonnenblumenkernen und Zucker bestreuen. Die Butter in Flöckchen daraufsetzen. Die Form auf dem Rost in den vorgeheizten Backofen schieben. Die Apfeltarte **etwa 35 Minuten backen.**

6 Die Tarte evtl. nach etwa 30 Minuten Backzeit mit Backpapier belegen.

7 Die Form auf einen Kuchenrost stellen. Die Apfeltarte in der Form erkalten lassen.

Tipp

Sie können statt der Sonnenblumenkerne auch gehackte Nusskerne oder eine ungesüßte Getreide-Nuss-Müsli-Mischung zum Bestreuen verwenden. Die Apfeltarte schmeckt frisch am besten. Sie kann aber auch eingefroren werden.

Apfelschichtkuchen

Zubereitungszeit: 35 Minuten, ohne Abkühlzeit I Backzeit: etwa 50 Minuten

12 Stücke I Pro Stück: E: 4 g, F: 14 g, Kh: 34 g, kJ: 1180, kcal: 282 I Raffiniert

Für den Rührteig:

150 g weiche Butter oder Margarine

150 g Zucker

1 Pck. Dr. Oetker Vanillin-Zucker

3 Eier (Größe M)

200 g Weizenmehl

2 gestr. TL Dr. Oetker Backin

1 Pck. Dr. Oetker Finesse Geriebene Zitronenschale

2–3 EL Milch (3,5 % Fett)

Für die Füllung:

750 g Äpfel

2–3 EL Zitronensaft

Zum Bestreichen und Bestreuen:

2 EL Aprikosenkonfitüre

2 EL Wasser

30 g geschälte Pistazienkerne

1 Für den Teig Butter oder Margarine mit einem Mixer (Rührstäbe) auf höchster Stufe geschmeidig rühren. Nach und nach Zucker und Vanillin-Zucker unterrühren. So lange rühren, bis eine gebundene Masse entstanden ist. Jedes Ei etwa ½ Minute unterrühren.

2 Mehl mit Backpulver und Zitronenschale mischen, abwechselnd mit der Milch in 2 Portionen kurz auf mittlerer Stufe unterrühren.

3 Den Backofen vorheizen.
Ober-/Unterhitze: etwa 180 °C, Heißluft: etwa 160 °C

4 Für die Füllung die Äpfel schälen, vierteln und entkernen. Apfelviertel in dünne Spalten schneiden.

5 Den Teig in 3 gleiche große Portionen teilen. Eine Teigportion in eine Springform (Ø 26 cm, gefettet) geben und glatt streichen. Die Hälfte der Apfelspalten kreisförmig darauflegen und mit etwas Zitronensaft beträufeln.

6 Die zweite Teigportion mit einem Esslöffel auf die Apfelspalten geben und glatt streichen. Die restlichen Apfelspalten kreisförmig darauflegen und den restlichen Zitronensaft daraufträufeln. Den restlichen Teig wieder esslöffelweise daraufgeben und glatt streichen. Die Form auf dem Rost in den vorgeheizten Backofen schieben. Den Kuchen **etwa 50 Minuten backen.**

7 Die Form auf einen Kuchenrost stellen. Den Kuchen etwa 10 Minuten in der Form stehen lassen, dann den Kuchen vorsichtig mit einem Messer vom Formrand lösen und den Springformrand entfernen.

8 Zum Bestreichen und Bestreuen Konfitüre und Wasser in einem kleinen Topf unter Rühren zum Kochen bringen (stückige Konfitüre nach dem Aufkochen durch ein Sieb streichen). Den heißen Kuchen damit bestreichen. Die Pistazienkerne der Länge nach in schmale Stücke teilen und auf den Kuchen streuen. Den Kuchen erkalten lassen, vom Springform-boden lösen und auf eine Tortenplatte legen.

Sollte der Kuchen gegen Ende der Backzeit zu braun werden, einen Bogen Backpapier darauflegen und den Kuchen fertig backen.

Tipp

Apfel-Knusper-Tarte

Zubereitungszeit: 20 Minuten | Backzeit: 25–30 Minuten

12 Stücke | Pro Stück: E: 2, F: 11 g, Kh: 34 g, kJ: 1042, kcal: 249 | Schnell

Zutaten

Für den Streuselteig:

200 g Weizenmehl

50 g Zucker

1 Pck. Dr. Oetker Vanillin-Zucker

150 g weiche Butter oder Margarine

Für den Belag:

50 g Eierplätzchen

500 g Äpfel

50 g Rosinen

1 EL Zucker

Für den Guss:

4 EL Apfelgelee

50 ml Apfelsaft

Zubereitung

1 Für den Teig Mehl in eine Rührschüssel geben. Zucker, Vanillin-Zucker, Butter oder Margarine hinzufügen. Die Zutaten mit einem Mixer (Rührstäbe) zunächst auf niedrigster, dann auf höchster Stufe zu Streuseln verarbeiten. 2 Esslöffel davon abnehmen und beiseitestellen. Die restlichen Streusel in einer Tarteform (Ø 26 cm, gefettet) oder auf dem Boden einer Springform (Ø 26 cm, gefettet) verteilen und zu einem Boden andrücken.

2 Für den Belag die Eierplätzchen in einen Gefrierbeutel geben, diesen verschließen. Die Plätzchen mit einer Teigrolle zerkleinern. Die Hälfte der Plätzchenbrösel auf den Streuselboden streuen.

3 Den Backofen vorheizen.
Ober-/Unterhitze: etwa 200 °C, Heißluft: etwa 180 °C

4 Äpfel abspülen, abtrocknen, schälen und vierteln. Das Kerngehäuse entfernen. Die Äpfel in feine Spalten schneiden und ringförmig auf den Boden legen. Die Rosinen, die restlichen Streusel, die restlichen Plätzchenbrösel und den Zucker nacheinander auf die Äpfel streuen.

5 Die Form auf dem Rost in den vorgeheizten Backofen schieben. Die Tarte **25–30 Minuten backen.**

6 Für den Guss das Apfelgelee mit dem Apfelsaft aufkochen und direkt nach dem Backen mithilfe eines Esslöffels auf den Belag geben. Tarte in der Form abkühlen lassen und in Stücke schneiden.

Tipp

Die Tarte mit steif geschlagener Sahne servieren. Sie können statt Äpfel auch Mangospalten oder Quittenbällchen (aus der Dose) verwenden.

Bratapfelkuchen

Zubereitungszeit: 50 Minuten, ohne Durchziehzeit I Backzeit: etwa 50–60 Minuten

12 Stücke I Pro Stück: E: 5 g, F: 25 g, Kh: 41 g, kJ: 1787, kcal: 427 I Mit Alkohol

Zum Vorbereiten:

75 g Rosinen

2–3 EL Rum oder Calvados

Für den Knetteig:

200 g Weizenmehl

½ TL Dr. Oetker Backin

75 g Zucker

1 Pck. Dr. Oetker Vanillin-Zucker

1 Prise Salz

2 EL Wasser

100 g Butter oder Margarine

Für die Füllung:

9–10 kleine Äpfel

1 ½ Pck. Dr. Oetker Pudding-Pulver
Vanille-Geschmack

600 g Schlagsahne oder 300 ml
Milch und 300 g Schlagsahne

2 Eigelb (Größe M)

50 g Zucker

Für den Belag:

2 Eiweiß (Größe M)

20 g Zucker

2 EL gehobelte Mandeln

1 Zum Vorbereiten Rosinen mit Rum oder Calvados übergießen und gut durchziehen lassen.

2 Für den Teig Mehl mit Backpulver in einer Rührschüssel mischen. Restliche Zutaten hinzufügen und mit einem Mixer (Knethaken) zunächst kurz auf niedrigster, dann auf höchster Stufe gut durcharbeiten. Anschließend den Teig auf der leicht bemehlten Arbeitsfläche zu einem glatten Teig verkneten. Sollte er kleben, ihn in Frischhaltefolie gewickelt eine Zeit lang kalt stellen.

3 Den Backofen vorheizen.
Ober-/Unterhitze: etwa 180 °C, Heißluft: etwa 160 °C

4 Gut die Hälfte des Teiges auf dem Boden einer Springform (Ø 26 cm, gefettet) ausrollen. Teigboden mehrmals mit einer Gabel einstechen. Den Springformrand darumlegen. Restlichen Teig zu einer Rolle formen, sie als Rand auf den Teigboden legen und so an die Form drücken, dass ein etwa 4 cm hoher Rand entsteht.

5 Für die Füllung Äpfel schälen und das Kerngehäuse mit einem Apfelausstecher ausstechen. Die Äpfel auf den Teigboden in die Form legen (evtl. 1–2 Äpfel halbieren, damit auch die Lücken ausgefüllt werden). Die Äpfel mit den getränkten Rosinen füllen. Pudding-Pulver mit 100 g Sahne, Eigelb und Zucker anrühren. Restliche Sahne oder Milchsahne in einem Topf zum Kochen bringen. Angerührtes Pudding-Pulver in die von der Kochstelle genommene Sahne oder Sahnemilch rühren und unter Rühren aufkochen lassen.

6 Den Pudding sofort auf den Äpfeln verteilen. Die Form auf dem Rost in den vorgeheizten Backofen schieben. Den Kuchen **etwa 30 Minuten vorbacken.**

7 Für den Belag Eiweiß mit einem Mixer (Rührstäbe) sehr steif schlagen. Zucker kurz unterschlagen.

8 Die Form auf einen Kuchenrost stellen. Die Kuchenoberfläche mit der Baisermasse bestreichen und mithilfe eines Teelöffels Vertiefungen eindrücken. Mit den Mandeln bestreuen. Die Form wieder auf dem Rost in den heißen Backofen schieben. Den Kuchen **bei gleicher Backofentemperatur in 20–30 Minuten fertig backen.**

9 Die Form auf einen Kuchenrost stellen. Den Kuchen in der Form erkalten lassen. Den Bratapfelkuchen aus der Form lösen und auf eine Tortenplatte setzen.

Apfel-Maroni-Kuchen

Zubereitungszeit: 40 Minuten | Backzeit: etwa 40 Minuten

12 Stücke | Pro Stück: E: 5 g, F: 19 g, Kh: 46 g, kJ: 1598, kcal: 382 | Raffiniert

Für die Streusel:

70 g Butter oder Margarine

100 g Weizenmehl

80 ml Ahornsirup

1 Msp. gemahlener Zimt

30 g gehackte Walnusskerne

Für den Belag:

250 g Maronen (vakuumverpackt)

700 g säuerliche Äpfel, z. B. Boskop

2 EL Zitronensaft

Für den Rührteig:

150 g Butter oder Margarine

120 g Zucker

3 Eier (Größe M)

100 ml Apfelsaft

200 g Weizenmehl

2 gestr. TL Dr. Oetker Backin

1 Für die Streusel Butter oder Margarine zerlassen und etwas abkühlen lassen. Mehl, Ahornsirup, Zimt und zerlassene Butter oder Margarine in einer Rührschüssel mit einem Mixer (Rührstäbe) zunächst kurz auf niedrigster Stufe, dann auf höchster Stufe zu Streuseln verarbeiten. Walnusskerne unterarbeiten. Teigstreusel zugedeckt in den Kühlschrank stellen.

2 Für den Belag Maronen in feine Scheiben schneiden. Äpfel abspülen, abtrocknen, schälen, vierteln und entkernen. Apfelviertel in Spalten schneiden und sofort mit Zitronensaft beträufeln.

3 Den Backofen vorheizen.
Ober-/Unterhitze: etwa 180 °C, Heißluft: etwa 160 °C

4 Für den Rührteig Butter oder Margarine mit einem Mixer (Rührstäbe) auf höchster Stufe geschmeidig rühren. Nach und nach Zucker unterrühren. So lange rühren, bis eine gebundene Masse entstanden ist.

5 Jedes Ei etwa ½ Minute unterrühren. Apfelsaft hinzugeben. Mehl mit Backpulver mischen und kurz auf mittlerer Stufe unterrühren.

6 Den Teig in eine Springform (Ø 26 cm, Boden gefettet, mit Backpapier belegt) geben und glatt streichen. Apfelspalten und Maronenscheiben abwechselnd dachziegelartig darauflegen und leicht in den Teig drücken. Teigstreusel darauf verteilen.

7 Die Form auf dem Rost in den vorgeheizten Backofen schieben und den Kuchen **etwa 40 Minuten backen.**

8 Die Form auf einen Kuchenrost stellen. Den Kuchen erkalten lassen und aus der Form lösen. Kuchen in Stücke schneiden.

Apfelkuchen mit Cidre

Zubereitungszeit: 50 Minuten, ohne Durchzieh- und Kühlzeit I Backzeit: etwa 40 Minuten

12 Stücke I Pro Stück: E: 4 g, F: 10 g, Kh: 32 g, kJ: 1066, kcal: 254 I Mit Alkohol

Für den Belag:

500 g Äpfel, z. B. Elstar

350 ml Cidre (Apfelwein)

Für den Rührteig:

100 g zerlassene, abgekühlte Butter
oder Margarine

70 g Zucker

1 Pck. Dr. Oetker Vanillin-Zucker

2 Eier (Größe M)

200 g Weizenmehl

2 gestr. TL Dr. Oetker Backin

6 EL Milch (3,5 % Fett)

70 g Rosinen

Für den Guss:

1 Pck. ungezuckerter Tortenguss,
klar

2 gestr. EL Zucker

250 ml Cidreflüssigkeit (von den
Apfelscheiben)

30 g Rosinen

1 Für den Belag Äpfel schälen, vierteln, entkernen und quer in Scheiben schneiden. Die Apfelscheiben in eine Schüssel geben und mit Cidre übergießen und zugedeckt etwa 1 Stunde durchziehen lassen.

2 Den Backofen vorheizen.
Ober-/Unterhitze: etwa 180 °C, Heißluft: etwa 160 °C

3 Für den Teig Butter oder Margarine mit einem Mixer (Rührstäbe) auf höchster Stufe geschmeidig rühren. Nach und nach Zucker und Vanillin-Zucker unterrühren. So lange rühren, bis eine gebundene Masse entstanden ist. Jedes Ei etwa ½ Minute unterrühren.

4 Mehl mit Backpulver mischen, abwechselnd in 2 Portionen mit der Milch kurz auf mittlerer Stufe unterrühren. Rosinen unterheben.

5 Die marinierten Apfelscheiben auf einem Sieb abtropfen lassen, dabei die Cidreflüssigkeit auffangen und 250 ml abmessen.

6 Den Teig in eine Springform (Ø 26 cm, gefettet) geben und glatt streichen. Die Apfelscheiben darauf verteilen. Die Form auf dem Rost in den vorgeheizten Backofen schieben. Den Kuchen **etwa 40 Minuten backen.**

7 Die Form auf einen Kuchenrost stellen. Den Kuchen in der Form erkalten lassen. Dann den Kuchen aus der Form lösen und auf eine Tortenplatte legen.

8 Für den Guss aus Tortengusspulver, Zucker und der abgemessenen Cidreflüssigkeit einen Guss nach Packungsanleitung zubereiten. Rosinen unterrühren. Den Guss von der Mitte aus gleichmäßig auf den Apfelscheiben verteilen. Den Kuchen etwa 2 Stunden in den Kühlschrank stellen.

Sehr gut schmeckt zum Apfelkuchen steif geschlagene Sahne.

Tipp

Gedeckter Apfelkuchen

Zubereitungszeit: 70 Minuten, ohne Kühlzeit I Backzeit: etwa 60 Minuten
14 Stücke I Pro Stück: E: 6 g, F: 20 g, Kh: 59 g, kJ: 1889, kcal: 452 I Klassisch

Für den Knetteig:

500 g Weizenmehl

300 g Butter oder Margarine

150 g Zucker

1 Ei (Größe L)

1 gestr. TL Salz

1 EL Wasser

Für die Füllung:

1,6 kg Äpfel, z. B. Boskop, Cox orange

Saft von 1 Zitrone

100 g Zucker

je 1 Msp. Zimt, Muskat, Ingwer, gemahlen

50 g Sultaninen

1 Ei (Größe M)

2 EL Milch

Zum Bestäuben:

1 EL Puderzucker

1 Für den Teig Mehl in eine Rührschüssel geben. Butter oder Margarine, Zucker, Ei, Salz und Wasser hinzufügen. Die Zutaten mit einem Mixer (Knethaken) zunächst kurz auf niedrigster, dann auf höchster Stufe gut durcharbeiten.

2 Anschließend auf der bemehlten Arbeitsfläche zu einem glatten Teig verkneten. Den Teig in Frischhaltefolie gewickelt etwa 30 Minuten kalt stellen.

3 Für die Füllung Äpfel schälen, vierteln, entkernen und in kleine Stücke schneiden. Apfelstücke in eine Schüssel geben und mit Zitronensaft beträufeln. Zucker, Zimt, Muskat, Ingwer und Sultaninen untermischen. Ei und Milch verschlagen.

4 Den Backofen vorheizen. Ober-/Unterhitze: etwa 180 °C, Heißluft: etwa 160 °C

5 600 g von dem kalt gestellten Teig abnehmen, geschmeidig kneten, mit Mehl bestäuben und auf der bemehlten Arbeitsfläche zu einer runden Platte (Ø etwa 40 cm) ausrollen. Den Teigrand einschlagen. Die Teigplatte in eine Springform (Ø 28 cm, Boden mit Backpapier belegt, Rand gefettet) legen. Die eingeschlagenen Teigränder am Formrand hochdrücken. Die Apfelmasse auf den Teigboden legen. Die angedrückten Teigränder wieder lösen und auf die Apfelmasse legen. Den Teig dünn mit Eiermilch bestreichen.

6 Den restlichen Teig auf der bemehlten Arbeitsfläche zu einer runden Platte (Ø etwa 28 cm) ausrollen. Die Teigplatte auf die Apfelstücke legen. Den Teig am Rand mit einer Gabel fest zusammendrücken. Die Teigplatte mit der restlichen Eiermilch bestreichen. Die Form auf dem Rost in den vorgeheizten Backofen schieben. Den Apfelkuchen **etwa 60 Minuten backen.**

7 Die Form auf einen Kuchenrost stellen. Den Kuchen in der Form erkalten lassen. Dann aus der Form lösen und auf eine Tortenplatte legen. Den Apfelkuchen mit Puderzucker bestäuben.

Saftiger Apfel-Mandel-Gugelhupf

Zubereitungszeit: 45 Minuten, ohne Abkühlzeit | Backzeit: etwa 60 Minuten

18 Stücke | Pro Stück: E: 4 g, F: 12 g, Kh: 39 g, kJ: 1167, kcal: 279 | Für Kinder

100 g gehobelte Mandeln

300 g Äpfel, z. B. Elstar

Für den Rührteig:

150 g weiche Butter oder Margarine

225 g Zucker

1 Pck. Dr. Oetker Vanillin-Zucker

1 Prise Salz

4 Eier (Größe M)

300 g Weizenmehl

3 gestr. TL Dr. Oetker Backin

Außerdem:

200 g Aprikosenkonfitüre

75 g gesiebter Puderzucker

2–3 TL Apfelsaft

1 Die Mandeln in einer Pfanne ohne Fett unter Wenden goldbraun rösten, herausnehmen und auf einen Teller geben. 25 g zum Garnieren beiseitestellen. Äpfel schälen, vierteln, entkernen, in kleine Stücke schneiden.

2 Den Backofen vorheizen.
Ober-/Unterhitze: etwa 180 °C, Heißluft: etwa 160 °C

3 Für den Teig Butter oder Margarine in einer Rührschüssel mit einem Mixer (Rührstäbe) auf höchster Stufe geschmeidig rühren. Nach und nach Zucker, Vanillin-Zucker und Salz unterrühren. So lange rühren, bis eine gebundene Masse entstanden ist.

4 Jedes Ei etwa ½ Minute unterrühren. Mehl mit Backpulver mischen, in 2 Portionen kurz auf mittlerer Stufe unterrühren. Zuletzt Apfelstücke und 75 g Mandeln unterheben.

5 Den Teig in eine Gugelhupfform (Ø 22 cm, gefettet, bemehlt) füllen und glatt streichen. Die Form auf dem Rost in den vorgeheizten Backofen (unteres Drittel) schieben. Den Gugelhupf **etwa 60 Minuten backen.**

6 Die Form auf einen Kuchenrost stellen. Den Kuchen etwas abkühlen lassen. Dann aus der Form lösen und auf einen mit Backpapier belegten Kuchenrost stürzen. Gugelhupf erkalten lassen.

7 Aprikosenkonfitüre durch ein Sieb streichen und in einem kleinen Topf kurz aufkochen lassen. Den Gugelhupf damit bestreichen. Puderzucker mit so viel Saft verrühren, dass ein dickflüssiger Guss entsteht.

8 Den Guss in einen kleinen Gefrierbeutel geben und eine kleine Ecke abschneiden. Den Gugelhupf mit dem Guss besprenkeln und mit den beiseitegestellten Mandeln bestreuen. Guss fest werden lassen.

Apfelkuchen, sehr fein

Zubereitungszeit: 30 Minuten | Backzeit: etwa 45 Minuten

12 Stücke | Pro Stück: E: 4 g, F: 13 g, Kh: 32 g, kJ: 1084, kcal: 259 | Gut vorzubereiten

Für den Belag:

25 g Butter

750 g Äpfel, z. B. Elstar

Für den Rührteig:

125 g weiche Butter oder Margarine

125 g Zucker

1 Pck. Dr. Oetker Vanillin-Zucker

1 Prise Salz

½ Röhrchen Zitronen-Aroma

3 Eier (Größe M)

200 g Weizenmehl

2 gestr. TL Dr. Oetker Backin

1–2 EL Milch

Zum Aprikotieren:

2 EL Aprikosenkonfitüre

1 EL Wasser

1 Den Backofen vorheizen.
Ober-/Unterhitze: etwa 180 °C, Heißluft: etwa 160 °C

2 Für den Belag Butter in einem kleinen Topf zerlassen. Äpfel schälen, vierteln, entkernen und mehrmals der Länge nach einritzen.

3 Für den Teig Butter oder Margarine in einer Rührschüssel mit einem Mixer (Rührstäbe) auf höchster Stufe geschmeidig rühren. Nach und nach Zucker, Vanillin-Zucker, Salz und Zitronen-Aroma unter Rühren hinzufügen, bis eine gebundene Masse entsteht.

4 Jedes Ei etwa ½ Minute auf höchster Stufe unterrühren. Mehl mit Backpulver mischen und abwechselnd mit der Milch in 2 Portionen kurz auf mittlerer Stufe unterrühren. Den Teig in die Springform (Ø 26 cm, Boden gefettet) füllen und glatt streichen. Apfelviertel kranzförmig auf den Teig legen und mit der zerlassenen Butter bestreichen.

5 Die Form auf dem Rost im unteren Drittel in den vorgeheizten Backofen schieben. Den Kuchen **etwa 45 Minuten backen.**

6 Zum Aprikotieren Konfitüre durch ein Sieb streichen und mit Wasser in einem kleinen Topf unter Rühren aufkochen lassen. Den Kuchen sofort nach dem Backen damit bestreichen. Den Springformrand lösen und entfernen. Den Kuchen vom Springformboden lösen, aber darauf auf einem Kuchenrost erkalten lassen.

Variante: Für einen Kirschkuchen, sehr fein anstelle der Äpfel 600 g frische Sauerkirschen (abspülen, entkernen und gut abtropfen lassen) oder 1 Glas abgetropfte Sauerkirschen (Abtropfgewicht 350 g) verwenden.

Streuen Sie vor dem Backen 40 g Rosinen auf die Äpfel.
Sie können den Kuchen 1–2 Tage vor dem Verzehr zubereiten.
Der Kuchen ist gefriergeeignet.

Tipp

Tarte Tatin

Zubereitungszeit: 30 Minuten, ohne Kühlzeit | Backzeit: etwa 40 Minuten
14 Stücke | Pro Stück: E: 2 g, F: 8 g, Kh: 26 g, kJ: 802, kcal: 192 | Klassisch

Für den Knetteig:

20 g gesiebter Puderzucker

150 g Weizenmehl

1 Pck. Dr. Oetker Vanillin-Zucker

1 Prise Salz

1 Eigelb (Größe M)

3–4 EL kaltes Wasser

80 g Butter oder Margarine

Für den Belag:

1,2 kg Äpfel, z. B. Boskop oder Elstar

2 EL Zitronensaft

120 g Zucker

50 g weiche Butter

etwas Weizenmehl

1 Für den Teig Puderzucker mit Mehl in einer Rührschüssel mischen. Vanillin-Zucker, Salz, Eigelb, Wasser und Butter oder Margarine hinzufügen. Die Zutaten mit einem Mixer (Knethaken) zunächst kurz auf niedrigster, dann auf höchster Stufe gut durcharbeiten. Anschließend auf der leicht bemehlten Arbeitsfläche zu einem glatten Teig verkneten. Den Teig in Frischhaltefolie wickeln und etwa 1 Stunde kalt stellen.

2 Den Backofen vorheizen.
Ober-/Unterhitze: etwa 200 °C, Heißluft: etwa 180 °C

3 Für den Belag Äpfel schälen, vierteln und entkernen. Apfelviertel mit Zitronensaft beträufeln.

4 Zucker in einer Pfanne goldbraun karamellisieren. Die Butter mit einem Kochlöffel unterrühren. Den heißen Karamell in eine Tarteform (Ø 28 cm) gießen. Die Apfelviertel mit einer glatten Seite nach unten in die Form legen.

5 Den Teig mit etwas Mehl bestäuben und auf der leicht bemehlten Arbeitsfläche zu einer runden Platte (Ø etwa 32 cm) ausrollen. Die Teigplatte auf die Apfelspalten legen. Teigplatte mit einer Gabel mehrmals einstechen. Überstehenden Teigrand nach innen, an den Rand der Form legen.

6 Die Form auf dem Rost in den vorgeheizten Backofen schieben. Die Tarte **etwa 40 Minuten backen.**

7 Die Form auf einen Kuchenrost stellen. Die Tarte etwa 20 Minuten in der Form abkühlen lassen, damit sich die ausgetretene Flüssigkeit sammeln kann. Die Tarte vorsichtig auf eine Platte stürzen.

Die Tarte Tatin ist auch als Dessert sehr gut geeignet. Dazu schmeckt steif geschlagene Schlagsahne.

Tipp

Apfel-Zitronen-Kuchen

Zubereitungszeit: 50 Minuten, ohne Abkühlzeit I Backzeit: etwa 60 Minuten
16 Stücke I Pro Stück: E: 5 g, F: 16 g, Kh: 47 g, kJ: 1470, kcal: 352 I Erfrischend – etwas Besonderes

Für die Zitronencreme:

4–6 Zitronen, davon 3 Bio-Zitronen

150 g Zucker

30 g Speisestärke

3 EL Wasser

2 Eigelb (Größe M)

800 g Äpfel, z. B. Elstar

etwas Zitronensaft zum Beträufeln

Für den Rührteig:

250 g weiche Butter oder Margarine

180 g Zucker

1 Pck. Dr. Oetker Vanillin-Zucker

4 Eier (Größe M)

2 Eiweiß (Größe M)

300 g Weizenmehl

2 gestr. TL Dr. Oetker Backin

50 g Zucker

30 g Puderzucker

1 Für die Creme Bio-Zitronen heiß abwaschen, abtrocknen und die Schale abreiben. Alle Zitronen halbieren und den Saft auspressen. Von dem Zitronensaft 200 ml abmessen, mit Wasser auf 300 ml auffüllen und in einen Topf geben. Zitronenschale und Zucker unterrühren. Den Saft unter Rühren zum Kochen bringen.

2 Speisestärke mit Wasser anrühren. Angerührte Speisestärke in den von der Kochstelle genommenen Saft rühren und unter Rühren aufkochen lassen. Den Topf von der Kochstelle nehmen. Eigelb verquirlen und in die heiße Sauce rühren. Die Zitronencreme etwas abkühlen lassen.

3 Äpfel schälen, vierteln und entkernen. Apfelviertel nochmals längs durchschneiden. Mit Zitronensaft beträufeln.

4 Den Backofen vorheizen.
Ober-/Unterhitze: etwa 180 °C, Heißluft: etwa 160 °C

5 Für den Teig Butter oder Margarine in einer Rührschüssel mit einem Mixer (Rührstäbe) geschmeidig rühren. Nach und nach Zucker und Vanillin-Zucker unterrühren. So lange rühren, bis eine gebundene Masse entstanden ist.

6 Jedes Ei/Eiweiß etwa ½ Minute unterrühren. Mehl mit Backpulver mischen und in 2 Portionen auf mittlerer Stufe unterrühren.

7 Den Teig in eine Springform (Ø 28 cm, mit Backpapier belegt) geben und glatt streichen, dabei einen dünnen Teigrand mit einem Löffel etwa 1 cm am Rand hochziehen, damit die Füllung nicht ausläuft. Die Zitronencreme auf dem Teig verteilen und glatt streichen. Die Apfelspalten darauflegen und mit Zucker bestreuen.

8 Die Form auf dem Rost in den vorgeheizten Backofen schieben. Den Kuchen **etwa 60 Minuten backen.**

9 Die Form auf einen Kuchenrost stellen. Den Kuchen etwa 15 Minuten in der Form stehen lassen, dann aus der Form lösen und auf einem Kuchenrost erkalten lassen. Den Kuchen mit Puderzucker bestäuben.

Rahm-Apfelkuchen

Zubereitungszeit: 40 Minuten, ohne Kühlzeit I Backzeit: etwa 60 Minuten

12 Stücke I Pro Stück: E: 3 g, F: 19 g, Kh: 37 g, kJ: 1420, kcal: 339 I Beliebt

Für den Knetteig:

180 g Weizenmehl

½ TL Dr. Oetker Backin

75 g Zucker

1 Prise Salz

100 g Butter

1 Ei (Größe M)

Für den Belag:

etwa 800 g Äpfel

Für den Guss:

1 Pck. Gala Pudding-Pulver
Bourbon-Vanille

75 g Zucker

1 Pck. Dr. Oetker Finesse Geriebene
Zitronenschale

400 g Schlagsahne

1 Ei (Größe M)

Zum Bestreichen:

2 EL Aprikosenkonfitüre

1 EL Wasser

1 Für den Teig Mehl mit Backpulver in einer Rührschüssel mischen. Restliche Zutaten hinzufügen und mit einem Mixer (Knethaken) zunächst kurz auf niedrigster, dann auf höchster Stufe gut durcharbeiten. Anschließend auf der leicht bemehlten Arbeitsfläche zu einem Teig verkneten. Sollte er kleben, ihn in Frischhaltefolie gewickelt eine Zeit lang kalt stellen.

2 Gut die Hälfte des Teiges auf einem Springformboden (Ø 26 cm, gefettet) ausrollen und den Springformrand darumstellen. Den Rest des Teiges zu einer Rolle formen, sie als Rand auf den Boden legen und so an die Form drücken, dass ein etwa 3 cm hoher Rand entsteht.

3 Den Backofen vorheizen.
Ober-/Unterhitze: etwa 180 °C, Heißluft: etwa 160 °C

4 Für den Belag Äpfel schälen, vierteln, die Kerngehäuse entfernen und die Oberfläche der Äpfel mit einem Messer leicht einschneiden. Apfelviertel auf dem Boden verteilen.

5 Für den Guss Pudding-Pulver mit Zucker und Zitronenschale mit einem Schneebesen verrühren. Nach und nach die Sahne hinzugießen und verrühren. Zuletzt das Ei unterrühren. Den Guss gleichmäßig über die Äpfel gießen.

6 Die Form auf dem Rost im unteren Drittel in den vorgeheizten Backofen schieben und den Kuchen **etwa 60 Minuten backen.**

7 Zum Bestreichen die Form auf einen Kuchenrost stellen. Konfitüre durch ein Sieb streichen und mit dem Wasser in einem kleinen Topf unter Rühren aufkochen lassen. Den Rahm-Apfelkuchen sofort nach dem Backen damit bestreichen. Den Kuchen in der Form erkalten lassen.

8 Vor dem Servieren Springformrand und -boden lösen, entfernen und den Kuchen auf eine Tortenplatte legen.

Tipp

Nach Belieben den Tortenrand mit Puderzucker bestäuben.

Apfeltarte

Zubereitungszeit: 40 Minuten, ohne Kühlzeit

10 Stücke | Pro Stück: E: 4 g, F: 11 g, Kh: 49 g, kJ: 1290, kcal: 308 | Ohne zu backen

Für den Boden:

150 g Vollmilch-Kuvertüre

2 EL Speiseöl, z. B. Sonnenblumenöl

200 g Vitalis Müsli Knusper Plus
Multi-Frucht

Für den Belag:

6 mittelgroße Äpfel (etwa 650 g),
z. B. Cox Orange oder Boskop

400 ml Apfelsaft

Saft von 1 Zitrone

1 Pck. Dr. Oetker Pudding-Pulver
Vanille-Geschmack

50 g Zucker

2 Blatt weiße Gelatine

Für das Baiser:

2 Eiweiß (Größe M)

80 g Zucker

1 Für den Boden Kuvertüre in Stücke hacken und mit dem Speiseöl in einem kleinen Topf im Wasserbad bei schwacher Hitze unter Rühren schmelzen. Das Müsli grob hacken und zu der geschmolzenen Schokolade geben. Die Zutaten gut verrühren.

2 Die Schokoladen-Müsli-Mischung in eine Springform (Ø 26 cm, Boden gefettet, mit Backpapier belegt) geben und mit einem Löffel fest zu einem Boden andrücken. Den Knusperboden zugedeckt in den Kühlschrank stellen.

3 Für den Belag die Äpfel schälen, vierteln, entkernen und in etwa 8 mm dicke Spalten schneiden. 350 ml Apfelsaft und Zitronensaft in einen Topf geben. Die Apfelspalten hinzufügen. Die Zutaten aufkochen und 2–3 Minuten zugedeckt dünsten, bis die Apfelspalten weich, aber noch bissfest sind. Die Apfelspalten auf ein Sieb geben und gut abtropfen lassen, den Saft dabei auffangen.

4 Den restlichen Apfelsaft mit dem Pudding-Pulver und dem Zucker anrühren. Den aufgefangenen Saft in einen Topf gießen und erneut aufkochen. Das angerührte Pudding-Pulver in den von der Kochstelle genommenen Saft rühren. Den Apfel-Pudding etwa 2 Minuten unter Rühren kochen lassen. Die Apfelspalten unterrühren und den Topf von der Kochstelle nehmen.

5 Gelatine nach Packungsanleitung einweichen. Gelatine gut ausdrücken und unter Rühren in dem warmen Apfel-Pudding auflösen. Den Apfel-Pudding etwas abkühlen lassen.

6 Den Apfel-Pudding auf den Müsli-Boden geben und glatt streichen. Die Apfeltarte zugedeckt mindestens 3 Stunden in den Kühlschrank stellen.

7 Für das Baiser die Apfeltarte zunächst vorsichtig aus der Springform lösen. Das Eiweiß mit einem Mixer (Rührstäbe) auf höchster Stufe steif schlagen. Der Schnee muss so fest sein, dass ein Messerschnitt sichtbar bleibt. Zucker nach und nach kurz unterschlagen.

8 Die Baisermasse in einen Spritzbeutel mit Sterntülle füllen. Die Apfeltarte mit dem Baiser verzieren. Das Baiser mit einem Gasbrenner vorsichtig goldbraun grillen.

Tipp

Wenn Sie keinen Gasbrenner haben, die Apfeltarte kurz unter dem heißen Backofengrill bräunen. Der Apfelsaft kann durch die gleiche Menge Apfelwein ersetzt werden.

Saarländischer Apfelkuchen

Zubereitungszeit: 30 Minuten, ohne Auftau- und Abkühlzeit I Backzeit: etwa 25 Minuten
16 Stücke I Pro Stück: E: 2 g, F: 5 g, Kh: 16 g, kJ: 503, kcal: 120 I Für Gäste

225 g TK-Blätterteig
(5 quadratische Platten)

Für den Belag:

500 g Äpfel, z. B. Boskop

2 EL Zucker

½ TL Dr. Oetker Vanillin-Zucker

50 g gehobelte Mandeln

Zum Bestreichen:

150 g Aprikosenkonfitüre

1 EL Wasser

1 Blätterteigplatten nebeneinander zugedeckt nach Packungsanleitung auftauen lassen.

2 Die Teigplatten wieder aufeinanderlegen, auf der bemehlten Arbeitsfläche ausrollen und eine runde Platte (Ø etwa 30 cm) ausschneiden. Die Teigplatte auf den Boden einer Springform (Ø 26 cm, gefettet) legen und am Formrand etwas hochziehen. Blätterteig etwa 10 Minuten ruhen lassen, dabei zieht sich der Teig etwas zusammen.

3 Den Backofen vorheizen.
Ober-/Unterhitze: etwa 200 °C, Heißluft: etwa 180 °C

4 Für den Belag in der Zwischenzeit Äpfel schälen, vierteln und entkernen. Apfelviertel der Länge nach in dünne Scheiben schneiden.

5 Den Teigboden mehrmals mit einer Gabel einstechen. Die Apfelscheiben auf dem Teigboden verteilen. Zucker mit Vanillin-Zucker und Mandeln mischen und gleichmäßig auf die Apfelscheiben streuen.

6 Die Form auf dem Rost in den vorgeheizten Backofen schieben. Den Apfelkuchen **etwa 25 Minuten backen.**

7 Die Form auf einen Kuchenrost stellen. Den Kuchen etwa 10 Minuten in der Form stehen lassen, dann aus der Form lösen, auf den Kuchenrost legen und etwas abkühlen lassen.

8 Zum Bestreichen Konfitüre und Wasser in einem kleinen Topf unter Rühren zum Kochen bringen. Den Kuchen damit bestreichen (stückige Konfitüre nach dem Aufkochen durch ein Sieb streichen). Den Kuchen lauwarm servieren.

Apfelkuchen ohne Ei

Zubereitungszeit: 50 Minuten, ohne Kühlzeit I Backzeit: 40–50 Minuten

12 Stücke I Pro Stück: E: 7 g, F: 28 g, Kh: 56 g, kJ: 2104, kcal: 503 I Einfach lecker – mal anders

Für den All-in-Teig:

150 g Butter oder Margarine

100 g Pekannusskerne, geröstet, gesalzen

375 g Weizenmehl

3 gestr. TL Dr. Oetker Backin

1 Pck. (5 g) Natron

150 g Zucker

75 ml Buttermilch

300 g grob geraspelte Äpfel (ohne Schale)

100 g Cranberries, getrocknet

Für die Füllung:

300 g Äpfel mit roter Schale

40 g Zucker

1 EL Zitronensaft

200 g Doppelrahm-Frischkäse

200 g Schlagsahne

1 Pck. Dr. Oetker Sahnesteif

1 Pck. Dr. Oetker Vanillin-Zucker

2 EL Apfelsaft (von den Äpfeln)

Zum Garnieren und Bestäuben:

25 g Cranberries

etwas Puderzucker

1 Für den Teig Butter oder Margarine zerlassen und abkühlen lassen. 75 g der Pekannusskerne in Stücke hacken.

2 Den Backofen vorheizen.
Ober-/Unterhitze: etwa 180 °C, Heißluft: etwa 160 °C

3 Mehl mit Backpulver und Natron in einer Rührschüssel mischen. Zucker, Buttermilch, Butter oder Margarine und Apfelraspel hinzufügen. Die Zutaten mit einem Mixer (Rührstäbe) zunächst kurz auf niedrigster, dann auf höchster Stufe in etwa 2 Minuten zu einem glatten Teig verarbeiten. Gehackte Pekannusskerne und Cranberries unter den Teig rühren.

4 Den Teig in eine Springform (Ø 26 cm, gefettet) geben und glatt streichen. Die Form auf dem Rost in den vorgeheizten Backofen schieben. Den Gebäckboden **40–50 Minuten backen.**

5 Den Gebäckboden aus der Form lösen und auf einem mit Backpapier belegten Kuchenrost erkalten lassen.

6 Für die Füllung Äpfel heiß abwaschen, abtrocknen, vierteln und entkernen. Apfelviertel mit der Schale in dünne Spalten schneiden. Zucker in einem Topf karamellisieren. Apfelspalten und Zitronensaft hinzugeben, unter Rühren 2–3 Minuten dünsten lassen. Apfelspalten erkalten lassen, auf einem Sieb abtropfen lassen, den Saft auffangen und 2 Esslöffel abmessen.

7 Frischkäse mit Sahne verrühren. Sahnesteif mit Vanillin-Zucker mischen und unterrühren. Die Masse mit einem Mixer (Rührstäbe) cremig aufschlagen. Apfelsaft unterrühren. 3 Esslöffel der Käse-Sahne-Masse abnehmen und beiseitestellen. Die Apfelspalten (12 Apfelspalten beiseitelegen) unter die restliche Käse-Sahne-Masse heben.

8 Den Gebäckboden einmal waagerecht durchschneiden. Den unteren Gebäckboden auf eine Tortenplatte legen. Die Apfel-Käse-Sahne-Masse daraufgeben und glatt streichen. Den oberen Gebäckboden darauflegen. Beiseitegestellte Käse-Sahne-Masse in kleinen Häufchen auf die Kuchenoberfläche geben. Mit den beiseitegelegten Apfelspalten, restlichen, halbierten Pekannusskernen und Cranberries garnieren.

9 Den oberen Kuchenrand mit Puderzucker bestäuben. Den Kuchen etwa 1 Stunde in den Kühlschrank stellen.

Apfelkuchen mit Mandelkrokant

Zubereitungszeit: 50 Minuten, ohne Abkühlzeit I Backzeit: etwa 45 Minuten

20 Stücke I Pro Stück: E: 5 g, F: 19 g, Kh: 38 g, kJ: 1466, kcal: 350 I Fruchtig – Knuspergenuss

Für den Mandelkrokant:

100 g Butter

90 g Zucker

40 g flüssiger Honig

75 g Schlagsahne

200 g gehobelte Mandeln

Für den All-in-Teig:

275 g Weizenmehl

2 gestr. TL Dr. Oetker Backin

100 g Puderzucker

1 Pck. Dr. Oetker Vanillin-Zucker

3 Eier (Größe M)

170 g weiche Butter oder Margarine

Für den Belag:

1 ½ kg Äpfel, z. B. Elstar

100 g Apfelgelee

1 Pck. Dr. Oetker Pudding-Pulver Vanille-Geschmack

1 Pck. Saucenpulver Vanille-Geschmack zum Kochen

40 g Zucker

50 g Semmelbrösel

1 Für den Krokant Butter, Zucker, Honig und Sahne in einem Topf unter Rühren langsam erhitzen und zum Kochen bringen. Mandeln unterrühren und unter Rühren nochmals kurz aufkochen lassen. Die Mandelmasse abkühlen lassen.

2 Den Backofen vorheizen.
Ober-/Unterhitze: etwa 180 °C, Heißluft: etwa 160 °C

3 Für den Teig Mehl mit Backpulver in einer Rührschüssel mischen. Puderzucker, Vanillin-Zucker, Eier und Butter oder Margarine hinzufügen. Die Zutaten mit einem Mixer (Rührstäbe) zunächst kurz auf niedrigster, dann auf höchster Stufe in etwa 2 Minuten zu einem glatten Teig verarbeiten.

4 Einen Backrahmen auf ein Backblech (30 x 40 cm, gefettet) stellen. Den Teig auf dem Backblech verteilen und glatt streichen.

5 Für den Belag Äpfel schälen, halbieren, entkernen und auf einer Haushaltsreibe grob raspeln. Apfelraspel mit dem Apfelgelee verrühren. Das Pudding-Pulver mit Saucenpulver, Zucker und Semmelbröseln vermischen und unter die Apfelmasse rühren. Auf den Teigboden geben und verstreichen. Die Krokantmasse auf die Apfelmasse geben. Krokantmasse vorsichtig mithilfe von 2 Gabeln darauf verteilen.

6 Das Backblech in den vorgeheizten Backofen schieben. Den Kuchen **etwa 45 Minuten backen.**

7 Das Backblech auf einen Kuchenrost stellen. Den Apfelkuchen erkalten lassen.

Wiener Apfelstrudel

Zubereitungszeit: 50 Minuten, ohne Ruhezeit I Backzeit: etwa 50 Minuten
12 Stücke I Pro Stück: E: 3 g, F: 12 g, Kh: 28 g, kJ: 1141, kcal: 273 I Klassisch

Für den Strudelteig:

200 g Weizenmehl

1 Prise Salz

75 ml lauwarmes Wasser

50 g zerlassene Butter oder
Margarine oder 3 EL Speiseöl,
z. B. Sonnenblumenöl

Für die Füllung:

1–1 ½ kg Äpfel, z. B. Cox Orange,
Elstar

3 Tropfen Zitronen-Aroma (aus dem
Röhrchen)

75 g Butter oder Margarine

50 g Semmelbrösel

50 g Rosinen

100 g Zucker

1 Pck. Dr. Oetker Vanillin-Zucker

50 g gehackte Mandeln

1 Für den Teig Mehl in eine Rührschüssel geben. Übrige Teigzutaten hinzufügen und mit einem Mixer (Knethaken) erst kurz auf niedrigster, dann auf höchster Stufe zu einem glatten Teig verarbeiten. In einem kleinen Topf Wasser kochen, das Wasser ausgießen und den Topf abtrocknen.

2 Den Teig auf Backpapier in den heißen Topf legen. Den Topf mit dem Deckel verschließen und den Teig 30 Minuten ruhen lassen.

3 Den Backofen vorheizen.
Ober-/Unterhitze: etwa 180 °C, Heißluft: etwa 160 °C

4 Für die Füllung Äpfel schälen, vierteln, entkernen und in feine Stifte schneiden. Aroma untermischen. Butter oder Margarine zerlassen. Den Teig halbieren und jede Teighälfte auf einem großen bemehlten Geschirrtuch ausrollen.

5 Die Teige dünn mit etwas von dem Fett bestreichen, dann mit den Händen zu je einem Rechteck (etwa 35 x 25 cm) ausziehen. Die Ränder, wenn sie dicker sind, abschneiden. Zwei Drittel des Fettes auf den Teigplatten verstreichen und Brösel daraufstreuen (an den Seiten etwa 2 cm frei lassen).

6 Nacheinander Apfelstifte, Rosinen, Zucker, Vanillin-Zucker und Mandeln darauf verteilen. Die frei gelassenen Teigränder der kurzen Seiten auf die Füllung klappen. Die Teigplatten mithilfe des Tuches von der längeren Seite aus aufrollen und an den Enden gut zusammendrücken.

7 Die Strudel mit der Naht nach unten auf ein Backblech (gefettet) legen. Das Backblech im unteren Drittel in den vorgeheizten Backofen schieben. Die Strudel **etwa 50 Minuten backen.**

8 Nach etwa 30 Minuten Backzeit die Strudel mit dem übrigen Fett bestreichen. Nach dem Backen die Strudel auf dem Backblech auf einem Kuchenrost erkalten lassen oder warm servieren.

Verfeinern Sie die Füllung zusätzlich mit einigen Tropfen Rum-Aroma aus dem Röhrchen. Dazu schmeckt Vanillesauce, die Sie mit etwas Zimt abschmecken können. Backen Sie statt 2 kleiner Strudel 1 großen Strudel.

Tipp

Apfel-Makronen-Kuchen

Zubereitungszeit: 90 Minuten, ohne Kühlzeit I Backzeit: etwa 30 Minuten

40 Stücke I Pro Stück: E: 3 g, F: 8 g, Kh: 26 g, kJ: 801, kcal: 192 I Dauer länger – raffiniert

Für den Streuselteig:

300 g Weizenmehl

120 g Zucker

1 Eigelb (Größe L)

1 Prise Salz

180 g kalte Butter oder Margarine

Für den Biskuitteig:

3 Eier (Größe L)

1 Prise Salz

80 g Zucker

90 g Weizenmehl

Für das Apfelkompott:

2 kg Äpfel

100 g Zucker

Saft 1 Zitrone

50 ml Wasser

80 g Rosinen

Für die Makronenmasse:

400 g Marzipan-Rohmasse

3 Eiweiß (Größe L)

Zum Glasieren:

2 EL Aprikosenkonfitüre

2 EL Zucker

2 EL Wasser

1 Den Backofen vorheizen.
Ober-/Unterhitze: etwa 200 °C, Heißluft: etwa 180 °C

2 Für den Streuselteig Mehl, Zucker, Eigelb und Salz in eine Rührschüssel geben. Butter oder Margarine in dünne Scheiben schneiden und hinzufügen. Die Zutaten mit einem Mixer (Rührstäbe) zunächst kurz auf niedrigster, dann auf höchster Stufe zu feinen Streuseln verarbeiten.

3 Die Teigstreusel auf einem Backblech (30 x 40 cm, gefettet, mit Backpapier belegt) verteilen und gut zu einem Boden andrücken. Das Backblech in den vorgeheizten Backofen schieben. Den Streuselboden **etwa 15 Minuten backen.**

4 In der Zwischenzeit für den Biskuitteig Eier und Salz in einer Rührschüssel mit einem Mixer (Rührstäbe) auf höchster Stufe in 1 Minute schaumig schlagen. Zucker in 1 Minute unter Rühren einstreuen, dann noch 2 Minuten weiterschlagen. Mehl kurz auf niedrigster Stufe unterrühren.

5 Das Backblech auf einen Kuchenrost stellen. Den Biskuitteig auf den heißen Streuselboden geben und glatt streichen. Das Backblech wieder in den heißen Backofen schieben und den Biskuitboden **bei gleicher Backtemperatur etwa 10 Minuten backen.**

6 Das Backblech auf einen Kuchenrost stellen. Den Gebäckboden erkalten lassen.

7 Für das Kompott Äpfel schälen, vierteln und entkernen. Apfelviertel in Stücke schneiden und in einen Topf geben. Zucker, Zitronensaft, Wasser und Rosinen hinzugeben, zum Kochen bringen. Apfelstücke zugedeckt etwa 20 Minuten bei mittlerer Hitze weich kochen.

8 Das Apfelkompott auf den Gebäckboden geben und glatt streichen. Den Kuchen etwa 1 Stunde kalt stellen, sodass der Fruchtsaft in den Biskuitboden einziehen kann.

9 Den Backofen vorheizen.
Ober-/Unterhitze: etwa 220 °C, Heißluft: etwa 200 °C

10 Für die Makronenmasse Marzipan in Stücke schneiden, mit dem Eiweiß in einen hohen Rührbecher geben und mit einem Pürierstab zu einer glatten Masse pürieren. Die Makronenmasse in einen Spritzbeutel mit Lochtülle (Ø etwa 1 cm) geben, Streifen und Punkte auf den Kuchen spritzen. Anschließend das Backblech in den vorgeheizten Backofen (obere Schiene) schieben. Die Makronenmasse **etwa 5 Minuten leicht bräunen.** Das Backblech auf einen Kuchenrost stellen.

11 Zum Glasieren Konfitüre mit Zucker und Wasser in einem Topf unter Rühren kräftig aufkochen. Den heißen Kuchen mit der Glasur bestreichen.

12 Den Apfel-Makronen-Kuchen erkalten lassen. Die Kuchenränder evtl. gerade schneiden. Den Kuchen in etwa 5 x 6 cm große Stücke schneiden.

Apfel-Nuss-Kuchen

Zubereitungszeit: 30 Minuten I Backzeit: etwa 30 Minuten

20 Stücke I Pro Stück: E: 4 g, F: 16 g, Kh: 25 g, kJ: 1096 kcal: 262 I Beliebt – schnell

Für den Rührteig:

1 Bio-Zitrone

200 g weiche Butter oder Margarine

175 g Zucker

2 Pck. Dr. Oetker Vanillin-Zucker

1 Prise Salz

3 Eier (Größe M)

300 g Dinkelmehl (Type 630)

3 gestr. TL Dr. Oetker Backin

1 gestr. TL gemahlener Zimt

½ TL gemahlener Ingwer

600 g säuerliche Äpfel, z. B. Cox Orange, Elstar, Boskop

100 g gehobelte Haselnusskerne

Zum Bestreuen:

100 g gehobelte Haselnusskerne

20 g Zucker

1 Für den Teig Zitrone heiß abwaschen, abtrocknen und die Schale abreiben. Die Zitrone halbieren und den Saft auspressen. Den Backofen vorheizen.
Ober-/Unterhitze: etwa 200 °C, Heißluft: etwa 180 °C

2 Die Butter oder Margarine mit einem Mixer (Rührstäbe) auf höchster Stufe geschmeidig rühren. Nach und nach Zucker, Vanillin-Zucker, Salz und die Zitronenschale unterrühren. So lange rühren, bis eine gebundene Masse entstanden ist. Jedes Ei etwa ½ Minute unterrühren.

3 Dinkelmehl mit Backpulver, Zimt und Ingwer mischen und in 2 Portionen auf mittlerer Stufe unterrühren.

4 Die Äpfel schälen und auf der Haushaltsreibe grob raspeln. Die Apfelraspel (etwa 450 g) mit 2 Esslöffeln Zitronensaft mischen und mit den Haselnusskernen kurz unter den Teig rühren. Den Teig auf einem tiefen Backblech oder in einer Fettpfanne (30 x 40 cm, gefettet) gleichmäßig verteilen.

5 Zum Bestreuen zuerst Haselnusskerne, dann den Zucker auf den Teig streuen. Das Back-blech in den vorgeheizten Backofen schieben. Den Kuchen **etwa 30 Minuten backen.**

6 Das Backblech auf einen Kuchenrost stellen. Den Kuchen erkalten lassen.

Tipp

Die geschälten Äpfel nicht vierteln, sondern jeweils im Ganzen raspeln, sodass von jedem Apfel nur das Kerngehäuse mit Blüte und Stiel zurückbleibt.

Apfel-Birnen-Blechkuchen

Zubereitungszeit: 60 Minuten, ohne Teiggehzeit I Backzeit: etwa 35 Minuten
20 Stücke I Pro Stück: E: E: 3 g, F: 3 g, Kh: 26 g, kJ: 629, kcal: 150 I Klassisch

Für den Hefeteig:

200 ml Milch

40 g Butter oder Margarine

375 g Weizenmehl

1 Pck. Dr. Oetker Trockenbackhefe

1 Prise Salz

50 g Zucker

1 Pck. Dr. Oetker Finesse Geriebene
Zitronenschale

Für den Belag:

750 g Äpfel, z. B. Cox Orange,
Jonagold

750 g Birnen, z. B. Williams Christ

Zum Bestreuen:

25 g Haselnusskerne

Zum Bestreichen:

75 g Apfel- oder Quittengelee
oder Aprikosenkonfitüre

1 EL Wasser

1 Für den Teig Milch leicht erwärmen und Butter oder Margarine darin zerlassen. Milch etwas abkühlen lassen. Mehl in eine Rührschüssel geben und sorgfältig mit der Trockenbackhefe vermischen. Salz, Zucker, Zitronenschale und die warme Milch-Fett-Mischung hinzufügen.

2 Die Zutaten mit einem Mixer (Knethaken) zunächst kurz auf niedrigster, dann auf höchster Stufe in etwa 5 Minuten zu einem glatten Teig verarbeiten. Den Teig zugedeckt so lange an einem warmen Ort gehen lassen, bis er sich sichtbar vergrößert hat.

3 Den Teig mit etwas Mehl bestäuben, aus der Schüssel nehmen, auf der leicht bemehlten Arbeitsfläche kurz durchkneten und auf einem Backblech (30 x 40 cm, gefettet) ausrollen.

4 Inzwischen den Backofen vorheizen.
Ober-/Unterhitze: etwa 180 °C, Heißluft: etwa 160 °C

5 Für den Belag Äpfel und Birnen schälen, halbieren, entkernen und in Spalten schneiden. Die Apfel- und Birnenspalten dachziegelartig auf den Teig legen und leicht andrücken. Haselnusskerne daraufstreuen und den Teig zugedeckt nochmals so lange an einem warmen Ort gehen lassen, bis er sich sichtbar vergrößert hat. Das Backblech in den vorgeheizten Backofen schieben. Den Kuchen **etwa 35 Minuten backen.**

6 Das Backblech auf einen Kuchenrost stellen. Den Kuchen etwas abkühlen lassen.

7 Zum Bestreichen Apfel- oder Quittengelee oder Aprikosenkonfitüre mit Wasser in einem kleinen Topf unter Rühren aufkochen lassen. Den Kuchen damit bestreichen. Kuchen vollständig erkalten lassen und in Stücke schneiden.

Apfel-Möhren-Kuchen

Zubereitungszeit: 45 Minuten | Backzeit: etwa 25 Minuten

25 Stücke | Pro Stück: E: 3 g, F: 8 g, Kh: 20 g, kJ: 847, kcal: 202 | Mit Alkohol

Für den All-in-Teig:

300 g Weizenmehl

4 gestr. TL Dr. Oetker Backin

125 g Zucker

1 Pck. Dr. Oetker Vanillin-Zucker

1 Pck. Dr. Oetker Finesse Geriebene
Zitronenschale

3 Eier (Größe M)

125 ml Karottensaft mit Honig und
Zitronensaft

125 ml Speiseöl

Für den Belag:

750 g mittelgroße Äpfel

einige ganze, abgezogene Mandeln

2 EL Rum-Rosinen

1 EL Erdbeerkonfitüre

50 g abgezogene, gehobelte Mandeln

Zum Bestäuben:

30 g Puderzucker

1 Für den Teig Mehl und Backpulver in einer Rührschüssel mischen. Zucker, Vanillin-Zucker, Zitronenschale, Eier, Karottensaft und Speiseöl hinzufügen. Die Zutaten mit einem Mixer (Rührstäbe) in 2 Minuten zu einem glatten Teig verarbeiten.

2 Den Backofen vorheizen.
Ober-/Unterhitze: etwa 180 °C, Heißluft: etwa 160 °C

3 Den Teig auf ein Backblech (30 x 40 cm, gefettet, bemehlt) geben und glatt streichen.

4 Für den Belag Äpfel abspülen und schälen. Mit einem Apfelausstecher das Kerngehäuse entfernen. Die Äpfel waagerecht in etwa 1 cm dicke Scheiben schneiden. Apfelscheiben auf dem Teig verteilen. Die Löcher der Apfelscheiben abwechselnd mit je 1 Mandel und einigen Rosinen oder der Konfitüre füllen. Gehobelte Mandeln auf den Teig verteilen. Die Apfelscheiben mit etwas Puderzucker bestäuben.

5 Das Backblech in den vorgeheizten Backofen schieben. Den Kuchen **etwa 25 Minuten backen.**

6 Das Backblech auf einen Kuchenrost stellen. Den Kuchen erkalten lassen. Mit restlichem Puderzucker bestäuben.

Tipp

Wenn Sie keinen Apfelausstecher haben, können Sie die Kerngehäuse in den Apfelscheiben auch mit einer kleinen, runden Ausstechform oder einer umgedrehten Garniertülle des Spritzbeutels entfernen.

Schneller Apfel-Buttermilch-Kuchen

Zubereitungszeit: 45 Minuten I Backzeit: etwa 30 Minuten
20 Stücke I Pro Stück: E: 3 g, F: 14 g, Kh: 33 g, kJ: 1133, kcal: 271 I Einfach

Für den Rührteig:

250 g weiche Butter oder Margarine

250 g brauner Zucker

1 Prise Salz

2 Eier (Größe M)

350 g Weizenmehl

2 gestr. TL Dr. Oetker Backin

125 g Buttermilch

Für den Belag:

1 kg säuerliche Äpfel

60 g Butter

50 g brauner Zucker

1 Den Backofen vorheizen.
Ober-/Unterhitze: etwa 180 °C, Heißluft: etwa 160 °C

2 Für den Teig Butter oder Margarine mit einem Mixer (Rührstäbe) auf höchster Stufe geschmeidig rühren. Nach und nach Zucker und Salz unterrühren. So lange rühren, bis eine gebundene Masse entstanden ist. Jedes Ei etwa ½ Minute unterrühren.

3 Mehl mit Backpulver mischen und abwechselnd in 2 Portionen mit der Buttermilch kurz auf mittlerer Stufe unterrühren. Den Rührteig auf ein Backblech (30 x 40 cm, gefettet) geben und glatt streichen.

4 Für den Belag die Äpfel schälen, vierteln und entkernen. Apfelviertel quer in Scheiben schneiden und dachziegelartig auf den Teigboden legen. Butterflöckchen darauf verteilen und mit Zucker bestreuen.

5 Das Backblech in den vorgeheizten Backofen schieben. Den Kuchen **etwa 30 Minuten backen.**

6 Das Backblech auf einen Kuchenrost stellen. Den Kuchen erkalten lassen.

Tipp

Bestreuen Sie die Kuchen zusätzlich mit 50 g gehobelten Mandeln.
Der Kuchen schmeckt auch gut mit Nektarinen. Die Äpfel durch 1–1 ½ kg Nektarinen ersetzen und unter den Teig zusätzlich 1 Päckchen Finesse Geriebene Zitronenschale rühren.

Apfel-Rum-Kuchen

Zubereitungszeit: 50 Minuten, ohne Durchziehzeit I Backzeit: etwa 50 Minuten

20 Stücke I Pro Stück: E: 6 g, F: 18 g, Kh: 47 g, kJ: 1621, kcal: 388 I Mit Alkohol

Zum Vorbereiten:

80 g Rosinen

100 ml Jamaika-Rum

1 ½ kg Äpfel

Saft von 1 Zitrone

Für den Rührteig:

300 g weiche Butter oder Margarine

260 g brauner Zucker

1 Pck. Dr. Oetker Vanillin-Zucker

1 Prise Salz

7 Eier (Größe L)

400 g Weizenmehl

3 gestr. TL Dr. Oetker Backin

Zum Bestreuen:

50 g Zucker

1 TL gemahlener Zimt

100 g gehobelte Mandeln

225 g Aprikosenkonfitüre

1 Den Backofen vorheizen.
Ober-/Unterhitze: etwa 180 °C, Heißluft: etwa 160 °C

2 Zum Vorbereiten die Rosinen auf ein Sieb geben, mit warmem Wasser abspülen, abtropfen lassen, in eine Schüssel geben und mit Rum beträufeln. Rosinen etwa 20 Minuten durchziehen lassen.

3 Äpfel schälen, vierteln, entkernen und in Würfel schneiden. Apfelwürfel mit Zitronensaft beträufeln.

4 Für den Teig Butter oder Margarine in einer Rührschüssel mit einem Mixer (Rührstäbe) geschmeidig rühren. Nach und nach Zucker, Vanillin-Zucker und Salz unterrühren. So lange rühren, bis eine gebundene Masse entstanden ist.

5 Jedes Ei etwa ½ Minute unterrühren. Mehl und Backpulver mischen und in 2 Portionen auf mittlerer Stufe unterrühren.

6 Den Teig in ein tiefes Backblech oder eine Fettpfanne (gefettet) geben und glatt streichen. Die Rumrosinen gleichmäßig daraufstreuen. Die Apfelwürfel darauf verteilen und etwas in den Teig drücken.

7 Zum Bestreuen Zucker mit Zimt und Mandeln mischen und auf die Apfelwürfel streuen. Das Backblech oder die Fettpfanne in den vorgeheizten Backofen schieben. Den Apfel-Rum-Kuchen **etwa 50 Minuten backen.**

8 Das Backblech auf einen Kuchenrost stellen. Die Konfitüre in einem Topf glatt rühren und unter Rühren kurz aufkochen lassen. Den heißen Apfel-Rum-Kuchen damit beträufeln, Kuchen erkalten lassen.

Apfel-Dinkel-Kuchen

Zubereitungszeit: 45 Minuten, ohne Kühlzeit I Backzeit: etwa 35 Minuten

18 Stücke I Pro Stück: E: 5 g, F: 19 g, Kh: 36 g, kJ: 1391, kcal: 332 I Zum Nachmittags-Kaffee

Zutaten

Für den Knetteig:

175 g Dinkelmehl, gesiebt (Type 630)

70 g brauner Rohrzucker

¼ TL gem. Zimt

100 g Butter

75 g fein geraspelter Kürbis,
z. B. Hokkaido

Für den Belag:

70 g Butter

4 EL flüssiger Honig (etwa 80 g)

50 g Schlagsahne

125 g fein geraspelter Kürbis,
z. B. Hokkaido

50 g gehobelte Mandeln

1 ½ kg Äpfel, z. B. Elstar

Für den Rührteig:

150 g weiche Butter

100 g brauner Rohrzucker

1 Pck. Dr. Oetker Bourbon-Vanille-
Zucker

3 Eier (Größe M)

175 g Dinkelmehl, gesiebt (Type 630)

1 ½ gestr. TL Dr. Oetker Backin

1–2 EL Milch

Zubereitung

1 Für den Knetteig Mehl in eine Rührschüssel geben. Rohrzucker, Zimt, Butter und Kürbis-raspel hinzufügen. Die Zutaten mit einem Mixer (Knethaken) zunächst kurz auf niedrigster, dann auf höchster Stufe gut durcharbeiten.

2 Anschließend auf der bemehlten Arbeitsfläche zu einem glatten Teig verkneten. Den Teig in Frischhaltefolie gewickelt etwa 30 Minuten in den Kühlschrank legen.

3 In der Zwischenzeit den Backofen vorheizen.
Ober-/Unterhitze: etwa 180 °C, Heißluft: etwa 160 °C

4 Den Teig auf einem Backblech (30 x 40 cm, gefettet) ausrollen. Den Teig mehrmals mit einer Gabel einstechen. Das Backblech in den vorgeheizten Backofen schieben. Den Knetteigboden **etwa 10 Minuten vorbacken.**

5 Für den Belag Butter, Honig und Sahne in einem Topf zerlassen. Kürbisraspel hinzufügen, zum Kochen bringen und etwa 2 Minuten unter Rühren bei mittlerer Hitze kochen lassen. Mandeln unterrühren. Die Kürbismasse herausnehmen und auf einem Teller erkalten lassen. Äpfel schälen, vierteln, entstielen und entkernen.

6 Das Backblech auf einen Kuchenrost stellen. Den Knetteigboden abkühlen lassen.

7 Für den Rührteig Butter in einer Rührschüssel mit einem Mixer (Rührstäbe) auf höchster Stufe geschmeidig rühren. Nach und nach Rohrzucker und Vanille-Zucker unterrühren. So lange rühren, bis eine gebundene Masse entstanden ist.

8 Jedes Ei etwa ½ Minute unterrühren. Mehl und Backpulver mischen, in 2 Portionen ab-wechselnd mit der Milch kurz auf mittlerer Stufe unterrühren. Den Teig auf den vorgeba-ckenen Knetteigboden geben und glatt streichen. Die Apfelspalten in Reihen darauflegen. Die Kürbismasse darauf verteilen. Das Backblech wieder in den heißen Backofen schie-ben. Den Kuchen bei gleicher Backofentemperatur in **etwa 25 Minuten fertig backen.**

9 Das Backblech auf einen Kuchenrost stellen. Den Apfel-Dinkel-Kuchen erkalten lassen.

Apfel-Reis-Kuchen

Zubereitungszeit: 50 Minuten, ohne Abkühlzeit | Backzeit: 30–35 Minuten
20 Stücke | Pro Stück: E: 3 g, F: 8 g, Kh: 28 g, kJ: 853, kcal: 204 | Für Kinder

Für den Belag:

100 g Milchreis

350 ml Apfelsaft

70 g Zucker

je 1 Msp. gemahlener Kardamom,
Ingwer und Zimt

6 säuerliche Äpfel (900 g)

1 EL Zitronensaft

Für den All-in-Teig:

150 g Weizenmehl

4 gestr. TL Dr. Oetker Backin

120 g Zucker

1 Prise Salz

1 Pck. Dr. Oetker Finesse Geriebene
Zitronenschale

5 Eier (Größe M)

150 g weiche Butter oder Margarine

Zum Bestreichen:

100 g Apfelgelee

1 Für den Belag Milchreis, Apfelsaft, Zucker, Kardamom, Ingwer und Zimt in einem Topf zum Kochen bringen, unter Rühren 2 Minuten kochen lassen und zugedeckt bei schwacher Hitze etwa 35 Minuten garen, dabei gelegentlich umrühren. Reis erkalten lassen.

2 Äpfel abspülen, schälen, vierteln und Kerngehäuse herausschneiden. Apfelviertel in Spalten schneiden und mit Zitronensaft beträufeln.

3 Den Backofen vorheizen.
Ober-/Unterhitze: etwa 180 °C, Heißluft: etwa 160 °C

4 Für den Teig Mehl und Backpulver in einer Rührschüssel mischen. Zucker, Salz, Zitronenschale, Eier und Butter oder Margarine hinzufügen. Die Zutaten mit einem Mixer (Rührstäbe) zunächst kurz auf niedrigster, dann auf höchster Stufe in etwa 2 Minuten zu einem glatten Teig verarbeiten. Reis mit einer Gabel auflockern, zum Teig geben und auf mittlerer Stufe unterrühren.

5 Den Teig auf das Backblech geben und glatt streichen. Apfelspalten darauflegen. Das Backblech in den vorgeheizten Backofen schieben. Den Kuchen **30–35 Minuten backen.**

6 Das Backblech auf einen Kuchenrost stellen. Den Kuchen erkalten lassen.

7 Zum Bestreichen Apfelgelee in einem kleinen Topf unter Rühren aufkochen. Den Kuchen damit bestreichen. Gelee erkalten lassen.

Tipp

Statt Apfelgelee kann auch
Aprikosenkonfitüre verwendet werden.

Quark-Apfel-Kuchen mit Streuseln

Zubereitungszeit: 45 Minuten I Backzeit: etwa 60 Minuten
20 Stücke I Pro Stück: E: 12 g, F: 37 g, Kh: 47 g, kJ: 1804, kcal: 431 I Fruchtig

Für den Quark-Öl-Teig:

300 g Weizenmehl

3 gestr. TL Dr. Oetker Backin

75 g Zucker

1 Pck. Dr. Oetker Vanillin-Zucker

1 Prise Salz

150 g Magerquark

100 ml Milch

100 ml Sonnenblumenöl

Für den Belag:

1 ½ kg säuerliche Äpfel

4 Eiweiß (Größe M)

150 g weiche Butter oder Margarine

100 g Zucker

2–3 Tropfen Zitronen-Aroma

4 Eigelb (Größe M)

850 g Magerquark

50 g Weizengrieß

Für die Streusel:

200 g Weizenmehl

70 g abgezogene, gemahlene Mandeln

150 g Zucker

½ TL gemahlener Zimt

150 g weiche Butter oder Margarine

1 Für den Teig Mehl mit Backpulver in einer Rührschüssel mischen. Restliche Zutaten für den Teig hinzufügen und alles mit einem Mixer (Knethaken) erst kurz auf niedrigster, dann auf höchster Stufe zu einem glatten Teig verarbeiten (nicht zu lange kneten, Teig klebt sonst).

2 Anschließend den Teig auf der leicht bemehlten Arbeitsfläche zu einer Rolle formen. Den Teig auf einem Backblech (30 x 40 cm, gefettet) ausrollen und einen Backrahmen darumstellen.

3 Für den Belag Äpfel schälen, vierteln, entkernen und in dünne Spalten schneiden. Die Apfelspalten dachziegelartig auf dem Teig verteilen. Eiweiß mit einem Mixer (Rührstäbe) sehr steif schlagen und beiseitestellen. Die Butter oder Margarine in einer Rührschüssel mit einem Mixer (Rührstäbe) geschmeidig rühren. Nach und nach Zucker, Zitronen-Aroma, Eigelb, Quark und Grieß unterrühren. Den Eischnee unter die Quarkmasse ziehen und die Quarkmasse auf den Äpfeln verstreichen.

4 Den Backofen vorheizen.
Ober-/Unterhitze: etwa 180 °C, Heißluft: etwa 160 °C

5 Für die Streusel Mehl mit Mandeln, Zucker, Zimt und Butter oder Margarine in eine Schüssel geben und dann mit einem Mixer (Rührstäbe) zu Streuseln von gewünschter Größe verarbeiten. Die Streusel gleichmäßig auf der Quarkmasse verteilen.

6 Das Backblech in den vorgeheizten Backofen schieben. Den Kuchen **etwa 60 Minuten backen.**

7 Das Backblech auf einen Kuchenrost stellen und den Kuchen darauf erkalten lassen.

Apfel-Pflaumenkuchen mit Grießcreme

Zubereitungszeit: 65 Minuten, ohne Teiggehzeit I Backzeit: 40–45 Minuten
20 Stücke I Pro Stück: E: 5 g, F: 8 g, Kh: 33 g, kJ: 963, kcal: 230 I Für Kinder

Für den Hefeteig:

200 ml Milch

50 g Butter

375 g Weizenmehl

1 Pck. Dr. Oetker Trockenbackhefe

50 g Zucker

1 Pck. Dr. Oetker Vanillin-Zucker

1 Ei (Größe M)

Zum Bestreuen:

100 g Marzipan-Rohmasse

Für die Grießcreme:

1 Eiweiß (Größe M)

500 g Grießpudding
(aus dem Kühlregal)

1 Eigelb (Größe M)

1 geh. TL Speisestärke

Für den Belag:

30 g Butter

1 kg Zwetschen oder Pflaumen

4 mittelgroße Äpfel, z. B. Elstar

Zum Bestreichen:

3–4 EL Aprikosenkonfitüre

1 Für den Teig Milch leicht erwärmen und die Butter darin zerlassen. Milch etwas abkühlen lassen. Mehl in eine Rührschüssel geben und sorgfältig mit der Trockenbackhefe vermischen. Zucker, Vanillin-Zucker, Ei und die warme Milch-Butter-Mischung hinzufügen.

2 Die Zutaten mit einem Mixer (Knethaken) zunächst kurz auf niedrigster, dann auf höchster Stufe in etwa 5 Minuten zu einem glatten Teig verarbeiten. Den Teig zugedeckt so lange an einem warmen Ort stehen lassen, bis er sich sichtbar vergrößert hat (etwa 40 Minuten).

3 Den Teig mit etwas Mehl bestäuben, auf der leicht bemehlten Arbeitsfläche nochmals kurz durchkneten und auf einem Backblech (30 x 40 cm, gefettet) ausrollen. Eventuell einen Backrahmen um den Teig stellen. Marzipan-Rohmasse auf der Haushaltsreibe grob raspeln und auf dem Teig verteilen.

4 Für die Creme Eiweiß steif schlagen. Grießpudding, Eigelb und Speisestärke in eine Rührschüssel geben und zu einer glatten Masse verrühren. Eischnee mit einem Teigschaber unterheben. Die Creme auf den Teig geben und glatt streichen. Den Backofen vorheizen. Ober-/Unterhitze: etwa 180 °C, Heißluft: etwa 160 °C

5 Für den Belag Butter in einem kleinen Topf zerlassen. Topf von der Kochstelle nehmen. Zwetschen oder Pflaumen waschen, abtrocknen, halbieren und entsteinen. Äpfel abspülen, schälen, vierteln und die Kerngehäuse entfernen. Apfelviertel längs in dicke Spalten schneiden. Apfelspalten und Pflaumenhälften in abwechselnden Reihen dachziegelartig auf den Teig legen und mit der Butter bestreichen. Das Backblech in den vorgeheizten Backofen schieben. Den Kuchen **40–45 Minuten backen.**

6 Das Backblech auf einen Kuchenrost stellen.

7 Zum Bestreichen Konfitüre in einem kleinen Topf unter Rühren zum Kochen bringen. Apfelspalten und Pflaumenhälften damit bestreichen (stückige Konfitüre nach dem Aufkochen durch ein Sieb streichen). Kuchen erkalten lassen. Eventuell den Backrahmen mit einem Messer lösen und entfernen.

Apfel-Mascarpone-Kuchen

Zubereitungszeit: 60 Minuten, ohne Abkühlzeit I Backzeit: etwa 60 Minuten

25 Stücke I Pro Stück: E: 7 g, F: 19 g, Kh: 37 g, kJ: 1481, kcal: 354 I Einfach – raffiniert

Zum Vorbereiten:

1,2 kg Äpfel, z. B. Boskop oder Elstar

Saft von 1 Zitrone

Für den Rührteig:

150 g Butter oder Margarine (zimmerwarm)

275 g Zucker

1 Prise Salz

7 Eier (Größe M)

450 g Weizenmehl

3 gestr. TL Dr. Oetker Backin

Für den Mascarponebelag:

500 g Mascarpone (ital. Frischkäse)

7 Eigelb (Größe M)

150 g Zucker

1 Pck. Dr. Oetker Bourbon-Vanille-Zucker

7 Eiweiß (Größe M)

100 g gehobelte Mandeln

2 EL Puderzucker

1 Zum Vorbereiten Äpfel schälen, vierteln und entkernen. Apfelviertel nochmals durchschneiden (achteln) und mit Zitronensaft beträufeln.

2 Für den Teig Butter oder Margarine mit einem Mixer (Rührstäbe) auf höchster Stufe geschmeidig rühren. Nach und nach Zucker und Salz unterrühren. So lange rühren, bis eine gebundene Masse entstanden ist. Jedes Ei etwa ½ Minute unterrühren.

3 Mehl und Backpulver mischen, in 2 Portionen kurz auf mittlerer Stufe unterrühren. Den Teig in ein tiefes Backblech oder eine Fettpfanne (30 x 40 cm, gefettet, mit Backpapier belegt) geben und glatt streichen. Die Apfelstücke darauf verteilen und etwas in den Teig drücken.

4 Den Backofen vorheizen.
Ober-/Unterhitze: etwa 180 °C, Heißluft: etwa 160 °C

5 Für den Belag Mascarpone, Eigelb, 100 g Zucker und Vanille-Zucker in einer Rührschüssel mit dem Schneebesen glatt rühren.

6 Eiweiß evtl. in 2 Portionen mit einem Mixer (Rührstäbe) steif schlagen. Restlichen Zucker einstreuen und weitere etwa 2 Minuten schlagen. Eischnee portionsweise unter die Mascarponemasse heben. Die Masse auf die Apfelstücke geben, glatt streichen und mit Mandeln bestreuen. Das Backblech oder die Fettpfanne in den vorgeheizten Backofen schieben. Den Kuchen **etwa 60 Minuten backen.**

7 Das Backblech oder die Fettpfanne auf einen Kuchenrost stellen. Den Kuchen erkalten lassen, in etwa 6 x 7 cm große Stücke schneiden und mit Puderzucker bestäuben.

Apfelkuchen, aprikotiert

Zubereitungszeit: 35 Minuten, ohne Teiggehzeit I Backzeit: etwa 25 Minuten

20 Stücke I Pro Stück: E: 4 g, F: 6 g, Kh: 32 g, kJ: 855, kcal: 204 I Schnell gemacht

Für den Hefeteig:

200 ml Milch

50 g Butter

375 g Weizenmehl

1 Pck. Dr. Oetker Trockenbackhefe

50 g Zucker

1 Pck. Dr. Oetker Vanillin-Zucker

1 Prise Salz

1 Ei (Größe M)

Für den Belag:

1 ½ kg Äpfel, z. B. Elstar

100 g Mandelstifte

100 g Rosinen

Zum Aprikotieren:

4 EL Aprikosenkonfitüre

1 EL Wasser

1 Für den Teig Milch leicht erwärmen und die Butter darin zerlassen. Milch etwas abkühlen lassen. Mehl in eine Rührschüssel geben und sorgfältig mit der Trockenbackhefe vermischen. Zucker, Vanillin-Zucker, Salz, Ei und Milch-Butter-Mischung dazugeben.

2 Die Zutaten mit einem Mixer (Knethaken) zunächst kurz auf niedrigster, dann auf höchster Stufe in etwa 5 Minuten zu einem glatten Teig verarbeiten. Den Teig zugedeckt so lange an einem warmen Ort gehen lassen, bis er sich sichtbar vergrößert hat (etwa 20 Minuten).

3 Für den Belag Äpfel schälen, vierteln, entkernen und in dicke Spalten schneiden.

4 Den Teig mit etwas Mehl bestäuben, auf der leicht bemehlten Arbeitsfläche nochmals kurz durchkneten und auf einem Backblech (30 x 40 cm, gefettet) ausrollen.

5 Apfelspalten dachziegelartig auf den Teig legen und Mandeln und Rosinen daraufstreuen.

6 Den Backofen vorheizen.
Ober-/Unterhitze: etwa 200 °C, Heißluft: etwa 180 °C

7 Den Teig zugedeckt nochmals 15 Minuten an einem warmen Ort gehen lassen. Das Backblech in den vorgeheizten Backofen schieben. Den Kuchen **etwa 25 Minuten backen.**

8 Das Backblech auf einen Kuchenrost stellen.

9 Zum Aprikotieren Konfitüre mit Wasser in einem kleinen Topf pürieren und unter Rühren einmal kräftig aufkochen. Den heißen Kuchen damit bestreichen und erkalten lassen.

Apfel-Hefekranz

Zubereitungszeit: 35 Minuten, ohne Teiggehzeit | Backzeit: etwa 40 Minuten
20 Stücke | Pro Stück: E: 7 g, F: 4 g, Kh: 31 g, kJ: 814, kcal: 195 | Fruchtig

Für die Füllung:

500 g Magerquark

100 g Zucker

1 Pck. Dr. Oetker Vanillin-Zucker

½ Pck. Dr. Oetker Finesse Geriebene Zitronenschale

1 Ei (Größe M)

3 Äpfel, etwa 600 g, z. B. Cox Orange

1 EL Zitronensaft

Für den Hefeteig:

500 g Weizenmehl

1 Pck. Hefeteig Garant

50 g Zucker

1 Pck. Dr. Oetker Vanillin-Zucker

300 ml fettarme Milch (1,5 % Fett)

50 g weiche Butter oder Margarine

Zum Bestreichen und Bestreuen:

1 Eigelb

1 EL Milch

20 g Pinienkerne

1 Für die Füllung Quark, Zucker, Vanillin-Zucker, Zitronenschale und Ei in einer Schüssel gut verrühren. Äpfel schälen, vierteln, entkernen und in kleine Würfel schneiden. Apfelwürfel mit Zitronensaft mischen.

2 Für den Teig Mehl mit Hefeteig Garant in einer Rührschüssel sorgfältig vermischen. Zucker, Vanillin-Zucker, Milch und Butter oder Margarine hinzufügen. Die Zutaten mit einem Mixer (Knethaken) zunächst auf niedrigster, dann auf höchster Stufe in etwa 2 Minuten zu einem glatten Teig verarbeiten.

3 Den Teig leicht mit etwas Mehl bestäuben, aus der Schüssel nehmen, auf der leicht bemehlten Arbeitsfläche kurz durchkneten und zu einem Rechteck (etwa 30 x 60 cm) ausrollen.

4 Die Quarkmasse auf den gegangenen Teig streichen und mit Apfelwürfeln bestreuen, dabei einen etwa 1 cm breiten Rand frei lassen. Den Teig von der langen Seite aus aufrollen. Die Teigenden mit etwas verschlagenem Eigelb bestreichen.

5 Die Teigrolle auf einem Backblech (mit Backpapier belegt) zu einem Kranz zusammenlegen (dazu die Teigrolle evtl. halbieren). Den Kranz etwa 15 Minuten gehen lassen.

6 Den Backofen vorheizen.
Ober-/Unterhitze: etwa 180 °C, Heißluft: etwa 160 °C

7 Restliches Eigelb mit Milch verschlagen. Den Teigkranz damit bestreichen. In die Teigoberfläche mit einem scharfen Messer etwa 4 cm lange Kerben im Abstand von etwa 3 cm einritzen. Den Teigkranz mit Pinienkernen bestreuen.

8 Das Backblech im unteren Drittel in den vorgeheizten Backofen schieben. Den Kranz **etwa 40 Minuten backen.**

9 Das Backblech auf einen Kuchenrost stellen. Den Apfelkranz erkalten lassen und in Stücke schneiden.

Apfel-Butterkuchen

Zubereitungszeit: 40 Minuten, ohne Teiggehzeit I Backzeit: etwa 30 Minuten
20 Stücke I Pro Stück: E: 4 g, F: 9 g, Kh: 32 g, kJ: 942, kcal: 225 I Klassisch

Für den Hefeteig:

200 ml Milch

50 g Butter

375 g Weizenmehl

1 TL gemahlener Zimt

1 Pck. Dr. Oetker Trockenbackhefe

50 g Zucker

1 Pck. Dr. Oetker Vanillin-Zucker

1 Prise Salz

1 Ei (Größe M)

Für den Belag:

1 ½ kg Äpfel, z. B. Elstar

4 EL Zitronensaft

2–3 EL Wasser

75 g Zucker

1 Pck. Dr. Oetker Bourbon-Vanille-Zucker

100 g Butter

Zum Bestreuen:

2 TL gemahlener Zimt

50 g Zucker

50 g gehobelte Mandeln

1 Für den Teig Milch leicht erwärmen und Butter darin zerlassen. Milch etwas abkühlen lassen. Mehl mit Zimt in einer Rührschüssel mischen und sorgfältig mit der Trockenbackhefe vermischen. Zucker, Vanillin-Zucker, Salz, Ei und Milch-Butter-Mischung hinzufügen.

2 Die Zutaten mit einem Mixer (Knethaken) zunächst kurz auf niedrigster, dann auf höchster Stufe in etwa 5 Minuten zu einem glatten Teig verarbeiten. Den Teig zugedeckt so lange an einem warmen Ort gehen lassen, bis er sich sichtbar vergrößert hat (etwa 20 Minuten).

3 Für den Belag Äpfel schälen, vierteln, entkernen und in Stücke schneiden. Apfelstücke mit Zitronensaft, Wasser, Zucker und Vanille-Zucker in einem Topf zum Kochen bringen. Apfelstücke bei schwacher Hitze etwa 15 Minuten zugedeckt dünsten lassen. Apfelkompott etwas abkühlen lassen.

4 Den Teig mit etwas Mehl bestäuben, auf der leicht bemehlten Arbeitsfläche kurz durchkneten und auf einem Backblech (30 x 40 cm, gefettet) ausrollen. Den Teig zugedeckt an einem warmen Ort etwa 15 Minuten gehen lassen.

5 Inzwischen den Backofen vorheizen.
Ober-/Unterhitze: etwa 200 °C, Heißluft: etwa 180 °C

6 Mit bemehlten Fingern in etwa 3 cm breiten Abständen Vertiefungen in den Teig drücken. Butter in kleinen Stücken in die Vertiefungen geben und Apfelkompott auf dem Teig verteilen. Zimt und Zucker mischen. Nacheinander Zimt-Zucker und Mandeln auf den Apfelbelag streuen. Das Backblech in den vorgeheizten Backofen schieben. Den Kuchen **etwa 30 Minuten backen.**

7 Das Backblech auf einen Kuchenrost stellen. Den Kuchen erkalten lassen.

Saftige Apfelschnitten

Zubereitungszeit: 50 Minuten, ohne Kühlzeit I Backzeit: etwa 20 Minuten

20 Stücke I Pro Stück: E: 4 g, F: 17 g, Kh: 33 g, kJ: 1306, kcal: 312 I Einfach

Für die Streusel:

150 g Zwieback

100 g Kokosraspel

30 g Zucker

150 g Butter oder Margarine

Für den Biskuitteig:

4 Eier (Größe M)

3 EL heißes Wasser

120 g Zucker

1 Pck. Dr. Oetker Vanillin-Zucker

150 g Weizenmehl

2 gestr. TL Dr. Oetker Backin

Für den Belag:

3 Gläser Apfelkompott
(Einwaage je 370 g)

Zum Bestreichen:

400 g Schlagsahne

2 EL gesiebter Puderzucker

1 Pck. Dr. Oetker Sahnesteif

Zum Garnieren und Bestreuen:

1 großer, roter Apfel

25 g Zucker

50 g Kokosraspel

1 Für die Streusel Zwieback in einen Gefrierbeutel geben, ihn verschließen und den Zwieback mit einer Teigrolle fein zerbröseln. Zwiebackbrösel, Kokosraspel, Zucker und Butter oder Margarine in eine Rührschüssel geben. Die Zutaten mit einem Mixer (Rührstäbe) auf niedrigster Stufe zu feinen Streuseln verarbeiten. Die Streusel auf ein Backblech (30 x 40 cm, gefettet) geben und zu einem Boden andrücken.

2 Den Backofen vorheizen.
Ober-/Unterhitze: etwa 200 °C, Heißluft: etwa 180 °C

3 Für den Biskuitteig Eier und Wasser mit einem Mixer (Rührstäbe) auf höchster Stufe in 1 Minute schaumig schlagen. Zucker und Vanillin-Zucker mischen, in 1 Minute einstreuen, dann noch etwa 2 Minuten weiterschlagen.

4 Mehl mit Backpulver mischen, die Hälfte auf die Eiercreme geben und kurz auf niedrigster Stufe unterrühren. Restliches Mehlgemisch auf die gleiche Weise unterarbeiten. Biskuitteig vorsichtig auf den Streuselteig geben und glatt streichen. Das Backblech in den vorgeheizten Backofen schieben und den Boden **etwa 20 Minuten backen.**

5 Das Backblech auf einen Kuchenrost stellen. Den Kuchen sofort mit einem Holzstäbchen dicht an dicht einstechen. Einen Backrahmen um den Kuchen stellen.

6 Für den Belag Apfelkompott auf den heißen Kuchen geben und glatt streichen. Den Kuchen erkalten lassen.

7 Zum Bestreichen Sahne mit Puderzucker und Sahnesteif steif schlagen. Die Sahne auf das Apfelkompott geben und glatt streichen. Den Kuchen etwa 2 Stunden in den Kühlschrank stellen, dann den Backrahmen lösen und entfernen.

8 Zum Garnieren Apfel abspülen, abtrocknen, vierteln, entkernen und in dünne Spalten schneiden. Zucker in einer großen Pfanne hellbraun karamellisieren lassen. Apfelspalten portionsweise hineingeben und jeweils etwa 2 Minuten von beiden Seiten leicht garen, dann auf einem Teller erkalten lassen.

9 Die Kokosraspel in einer Pfanne ohne Fett bei schwacher Hitze goldbraun rösten und auf einem Teller erkalten lassen. Zum Servieren Apfelspalten auf den Kuchen legen und mit Kokosraspeln bestreuen.

Apfelkuchen mit Guss

Zubereitungszeit: 50 Minuten, ohne Ruhezeit I Backzeit: etwa 45 Minuten
20 Stücke I Pro Stück: E: 4 g, F: 11 g, Kh: 28 g, kJ: 963, kcal: 230 I Für Gäste

Für den Hefeteig:

375 g Weizenmehl

1 Pck. Hefeteig Garant

50 g Zucker

1 Pck. Dr. Oetker Vanillin-Zucker

1 Prise Salz

200 ml Milch

75 g weiche Butter oder Margarine

etwas Weizenmehl

Für den Belag:

1,2 kg Äpfel

50 g Korinthen

100 g gestiftelte Mandeln

½ TL gemahlener Zimt

1 Pck. Dr. Oetker Vanillin-Zucker

Für den Guss:

150 g Crème fraîche

100 g Schlagsahne

1 Ei (Größe M)

50 g Zucker

1 Für den Teig das Mehl in eine Rührschüssel geben, mit Hefeteig Garant sorgfältig vermischen. Zucker, Vanillin-Zucker, Salz, Milch und Butter oder Margarine hinzufügen. Die Zutaten mit einem Mixer (Knethaken) zunächst kurz auf niedrigster, dann auf höchster Stufe in etwa 2 Minuten zu einem glatten Teig verarbeiten.

2 Den Teig leicht mit Mehl bestäuben, aus der Schüssel nehmen, auf der leicht bemehlten Arbeitsfläche zu einer Rolle formen. Die Teigrolle in einer Fettpfanne (30 x 40 cm, gefettet) ausrollen.

3 Für den Belag Äpfel schälen, vierteln, entkernen und in Spalten schneiden. Apfelspalten dachziegelartig auf den Teig legen. Korinthen und Mandeln darauf verteilen. Zimt mit Vanillin-Zucker mischen und daraufstreuen.

4 Den Backofen vorheizen.
Ober-/Unterhitze: etwa 180 °C, Heißluft: etwa 160 °C

5 Den Teig etwa 15 Minuten ruhen lassen.

6 Das Backblech in den vorgeheizten Backofen schieben. Den Apfelkuchen **etwa 25 Minuten vorbacken.**

7 Das Backblech auf einen Kuchenrost stellen.

8 Für den Guss Crème fraîche mit Sahne, Ei und Zucker gut verrühren. Den Guss auf den Apfelspalten verteilen. Die Fettpfanne wieder in den heißen Backofen schieben. Den Apfelkuchen **bei gleicher Backofentemperatur in etwa 20 Minuten fertig backen.**

9 Das Backblech auf einen Kuchenrost stellen. Den Apfelkuchen erkalten lassen.

Apfel-Walnuss-Kranz

Zubereitungszeit: 50 Minuten, ohne Abkühlzeit I Backzeit: 35–40 Minuten

16 Stücke I Pro Stück: E: 4 g, F: 7 g, Kh: 31 g, kJ: 848, kcal: 203 I Preiswert

Zum Vorbereiten für die Füllung:

750 g säuerliche Äpfel, z. B. Boskop

1 Pck. Dr. Oetker Finesse Geriebene Zitronenschale

2 EL Zitronensaft

50 g Walnusskerne

3 Tropfen Bittermandel-Aroma
(aus dem klassischen Röhrchen)

Für den Quark-Öl-Teig:

300 g Weizenmehl

3 gestr. TL Dr. Oetker Backin

125 g Magerquark

75 ml fettarme Milch (1,5 % Fett)

75 ml Speiseöl
(z. B. Sonnenblumenöl)

100 g Zucker

1 Pck. Dr. Oetker Vanillin-Zucker

1 Prise Salz

Für den Guss:

75 g gesiebter Puderzucker

1–2 EL Zitronensaft

1 Zum Vorbereiten Äpfel schälen, vierteln, entkernen und grob raspeln. Apfelraspel mit Zitronenschale und -saft mischen. Walnusskerne grob hacken, zusammen mit dem Aroma unter die Apfelraspel rühren.

2 Den Backofen vorheizen.
Ober-/Unterhitze: etwa 180 °C, Heißluft: etwa 160 °C

3 Für den Teig Mehl mit Backpulver in einer Rührschüssel mischen. Quark, Milch, Öl, Zucker, Vanillin-Zucker und Salz hinzufügen. Die Zutaten mit einem Mixer (Knethaken) zunächst kurz auf niedrigster, dann auf höchster Stufe in etwa 1 Minute zu einem Teig verarbeiten (nicht zu lange, Teig klebt sonst).

4 Danach auf der leicht bemehlten Arbeitsfläche zu einer Rolle formen. Teigrolle zu einem Rechteck (etwa 30 x 40 cm) ausrollen. Die Apfel-Walnuss-Masse darauf verteilen, dabei rundherum einen etwa 5 cm breiten Rand frei lassen. Den Teig von der längeren Seite aus vorsichtig aufrollen und auf einem Backblech (mit Backpapier belegt) zu einem Kranz zusammenlegen. Die Teigoberfläche mit einem scharfen Messer mehrmals einschneiden.

5 Das Backblech auf mittlerer Einschubleiste in den vorgeheizten Backofen schieben.
Den Kranz **etwa 45 Minuten backen.**

6 Den Gebäckkranz mit dem Backpapier vom Backblech auf einen Kuchenrost ziehen.
Den Gebäckkranz etwas abkühlen lassen.

7 Für den Guss Puderzucker mit Zitronensaft zu einer geschmeidigen Masse verrühren.
Den Gebäckkranz mit dem Guss besprenkeln. Den Guss fest werden lassen.

Tipp

Der Gebäckkranz kann auch gut eingefroren werden. Dafür den Kranz backen, erkalten lassen und gefriergeeignet verpackt einfrieren. Den Kranz dann erst nach dem Auftauen mit dem Guss überziehen.

Apfelkuchen mit Marzipanguss

Zubereitungszeit: 65 Minuten, ohne Abkühlzeit I Backzeit: etwa 45 Minuten
20 Stücke I Pro Stück: E: 7 g, F: 19 g, Kh: 43 g, kJ: 1539, kcal: 368 I Raffiniert – für Gäste

Für den Rührteig:

250 g weiche Butter oder Margarine

250 g Zucker

1 Pck. Dr. Oetker Vanillin-Zucker

5 Eier (Größe M)

150 g Weizenmehl

100 g Speisestärke

2 gestr. TL Dr. Oetker Backin

Für den Belag und den Guss:

1 kg Äpfel

200 g Marzipan-Rohmasse

1 l Milch (3,5 % Fett)

2 Pck. Dr. Oetker Pudding-Pulver
Vanille-Geschmack

75 g Zucker

3 Eigelb (Größe M)

3 Eiweiß (Größe M)

50 g Hagelzucker

1 Für den Teig Butter oder Margarine mit einem Mixer (Rührstäbe) auf höchster Stufe geschmeidig rühren. Nach und nach Zucker und Vanillin-Zucker unterrühren. So lange rühren, bis eine gebundene Masse entstanden ist. Jedes Ei etwa ½ Minute unterrühren.

2 Mehl mit Speisestärke und Backpulver mischen und in 2 Portionen kurz auf mittlerer Stufe unterrühren. Einen Backrahmen auf ein Backblech (30 x 40 cm, gefettet) stellen. Den Teig auf dem Backblech glatt streichen.

3 Den Backofen vorheizen.
Ober-/Unterhitze: etwa 180 °C, Heißluft: etwa 160 °C

4 Für den Belag Äpfel schälen, vierteln, entkernen und in Scheiben schneiden. Apfelscheiben dachziegelartig auf den Teig legen. Marzipan klein schneiden.

5 Für den Guss 6 Esslöffel von der Milch mit Pudding-Pulver, Zucker und Eigelb verrühren. Restliche Milch mit Marzipan in einem Topf unter Rühren zum Kochen bringen. Angerührtes Pudding-Pulver einrühren und unter Rühren gut aufkochen lassen.

6 Eiweiß steif schlagen und unterheben. Die Masse auf den Apfelscheiben verteilen. Das Backblech in den vorgeheizten Backofen schieben. Den Kuchen **etwa 45 Minuten backen.**

7 Das Backblech auf einen Kuchenrost stellen. Den Kuchen erkalten lassen. Den Backrahmen lösen und entfernen. Den Kuchen mit Hagelzucker bestreut servieren.

Tipp

Nach Belieben 100 g Marzipan-Rohmasse mit etwas Puderzucker verkneten und zwischen 2 Lagen Frischhaltefolie ausrollen. Aus der Marzipanplatte Blätter ausschneiden oder ausstechen und mit einem Messer Blattrippen einschneiden. Den Kuchen damit garnieren.

Rosmarin-Apfelkuchen

Zubereitungszeit: 40 Minuten, ohne Durchziehzeit I Backzeit: etwa 35 Minuten

20 Stücke I Pro Stück: E: 3 g, F: 9 g, Kh: 24 g, kJ: 789, kcal: 189 I Raffiniert – für jeden Tag

Zutaten

Zum Vorbereiten:

2–3 Stängel Rosmarin

40 g Zucker

Für den All-in-Teig:

275 g Weizenmehl

2 gestr. TL Dr. Oetker Backin

125 g Zucker

abgeriebene Schale von
½ Bio-Zitrone

4 Eier (Größe M)

175 g weiche Butter oder Margarine

2 EL Zitronensaft

Für den Belag:

etwa 800 g rotschalige Äpfel, z. B.
Gala, Elstar, Pink Lady

2 EL Zitronensaft

Zubereitung

1 Zum Vorbereiten Rosmarin abspülen und trocken tupfen. Die Nadeln von den Stängeln zupfen, 2 Esslöffel abmessen, fein hacken und in eine kleine Schüssel geben. Zucker hinzugeben, unterrühren und etwa 20 Minuten durchziehen lassen.

2 Den Backofen vorheizen.
Ober-/Unterhitze: etwa 180 °C, Heißluft: etwa 160 °C

3 Für den Teig Mehl mit Backpulver in einer Rührschüssel mischen. Zucker, Zitronenschale, Eier, Butter oder Margarine und Zitronensaft hinzufügen. Die Zutaten mit einem Mixer (Rührstäbe) zunächst kurz auf niedrigster, dann auf höchster Stufe in etwa 2 Minuten zu einem glatten Teig verarbeiten.

4 Den Teig auf ein Backblech (30 x 40 cm, gefettet) geben und glatt streichen. Vor den Teig einen mehrfach geknickten Streifen Alufolie legen.

5 Für den Belag Äpfel heiß abspülen, gut abtrocknen und mit einem Apfelausstecher das Kerngehäuse ausstechen. Die Äpfel in etwa 2 cm dicke Scheiben schneiden und mit etwas Zitronensaft bestreichen. Apfelscheiben auf den Teig legen.

6 Den vorbereiteten Rosmarinzucker (bis auf 1 Teelöffel) auf die Apfelscheiben streuen. Das Backblech in den vorgeheizten Backofen schieben. Den Kuchen **etwa 35 Minuten backen.**

7 Das Backblech auf einen Kuchenrost stellen.

8 Restlichen Rosmarinzucker und restlichen Zitronensaft in einem kleinen Topf unter Rühren zum Kochen bringen. Die noch heißen Apfelscheiben mit der Flüssigkeit bestreichen. Kuchen erkalten lassen. Alustreifen entfernen. Den Kuchen in Stücke schneiden.

Apfelweinkuchen vom Blech

Zubereitungszeit: 65 Minuten I Backzeit: etwa 55 Minuten

20 Stücke I Pro Stück: E: 3 g, F: 8 g, Kh: 54 g, kJ: 1388, kcal: 331 I Raffiniert

Für den Knetteig:

300 g Weizenmehl

50 g Speisestärke

1 gestr. TL Dr. Oetker Backin

150 g Zucker

1 Pck. Dr. Oetker Vanillin-Zucker

1 Prise Salz

2 Eier (Größe M)

150 g weiche Butter oder Margarine

Für die Apfelfüllung:

2 kg säuerliche Äpfel, z. B. Elstar

Saft von 1 Zitrone

3 Pck. Dr. Oetker Pudding-Pulver Vanille-Geschmack

150 g Zucker

2 Pck. Dr. Oetker Vanillin-Zucker

500 ml Weißwein

500 ml klarer Apfelsaft

Für den Weinguss:

3 Pck. Tortenguss, klar

100 g Zucker

375 ml Weißwein

300 ml klarer Apfelsaft

1 Den Backofen vorheizen.
Ober-/Unterhitze: etwa 200 °C, Heißluft: etwa 180 °C

2 Für den Teig Mehl mit Speisestärke und Backpulver in einer Rührschüssel mischen. Übrige Zutaten für den Teig hinzufügen und alles mit einem Mixer (Knethaken) zunächst kurz auf niedrigster, dann auf höchster Stufe zu einem Teig verarbeiten. Anschließend mit den Händen zu einer Rolle formen.

3 Den Teig auf einem Backblech (30 x 40 cm, gefettet) ausrollen, mit einer Gabel mehrmals einstechen und einen Backrahmen in der Größe des Teigbodens darumstellen. Das Backblech auf mittlerer Einschubleiste in den vorgeheizten Backofen schieben. Den Boden **etwa 15 Minuten vorbacken.**

4 Für die Füllung Äpfel schälen, vierteln, entkernen und in kleine Stücke schneiden, mit Zitronensaft beträufeln. Pudding-Pulver mit Zucker, Vanillin-Zucker, Wein und Apfelsaft nach Packungsanleitung, aber mit den hier angegebenen Zutaten zubereiten.

5 Die Apfelwürfel sofort unterrühren. Die Füllung auf dem vorgebackenen Boden verteilen und glatt streichen. Das Backblech wieder in den Backofen schieben und **bei gleicher Backofentemperatur weitere etwa 40 Minuten backen.**

6 Das Backblech auf einen Kuchenrost stellen und den Kuchen darauf erkalten lassen.

7 Für den Weinguss Tortenguss mit Zucker, Wein und Apfelsaft nach Packungsanleitung, aber mit den hier angegebenen Mengen zubereiten. Den Guss auf dem erkalteten Apfelkuchen verteilen und fest werden lassen. Den Kuchen in den Kühlschrank stellen.

8 Zum Servieren den Backrahmen mit einem Messer vorsichtig lösen und entfernen. Den Kuchen in Stücke schneiden.

Apfelkompott-Kuchen

Zubereitungszeit: 35 Minuten, ohne Kühlzeit I Backzeit: 12–15 Minuten

12 Stücke I Pro Stück: E: 5 g, F: 17 g, Kh: 24 g, kJ: 1115, kcal: 267 I Sehr saftig – begeistert Gäste

Für den Biskuitteig:

50 g Butter oder Margarine

3 Eier (Größe M)

3 EL Orangensaft

90 g brauner Rohrzucker

1 Pck. Dr. Oetker Bourbon-Vanille-Zucker

abgeriebene Schale von
1 Bio-Orange

120 g Dinkelmehl, gesiebt (Type 630)

1 gestr. TL. Dr. Oetker Backin

Zum Bestreuen:

100 g gehobelte Haselnusskerne

20 g brauner Zucker

½ TL gemahlener Zimt

Für die Füllung:

360 g Apfelkompott (aus dem Glas)

250 g Schlagsahne

1 EL Orangensaft

1 Pck. Sahnesteif

1 TL Zucker

1 Den Backofen vorheizen.
Ober-/Unterhitze: etwa 180 °C, Heißluft: etwa 160 °C

2 Für den Teig Butter oder Margarine zerlassen. Eier und Orangensaft in einer Rührschüssel mit einem Mixer (Rührstäbe) auf höchster Stufe in 1 Minute schaumig schlagen. Rohrzucker mit Vanille-Zucker und Orangenschale mischen, in 1 Minute unter Rühren einstreuen, dann noch etwa 2 Minuten schlagen.

3 Mehl mit Backpulver mischen und kurz auf niedrigster Stufe unterrühren. Zerlassene Butter oder Margarine unterheben. Den Teig auf ein Backblech (30 x 40 cm, mit Backpapier belegt) geben und glatt streichen. Das Backpapier an der offenen Seite des Backblechs zur Falte knicken, sodass ein Rand entsteht.

4 Zum Bestreuen Haselnusskerne mit Zucker und Zimt mischen. Den Teig damit bestreuen. Das Backblech in den vorgeheizten Backofen schieben. Die Biskuitplatte **12–15 Minuten backen.**

5 Die Biskuitplatte sofort nach dem Backen vom Backblechrand lösen und mit dem Backpapier vom Backblech auf einen Kuchenrost ziehen. Biskuitplatte erkalten lassen.

6 Die Biskuitplatte auf eine Platte stürzen. Mitgebackenes Backpapier abziehen. Biskuitplatte wieder zurückstürzen und von der längeren Seite aus mit einem scharfen Sägemesser in 3 Gebäckplatten (etwa 13 x 30 cm) schneiden.

7 Für die Füllung eine Gebäckplatte mit der Haselnussseite nach oben auf eine Tortenplatte legen und mit der Hälfte des Apfelkompottes bestreichen. Sahne mit Orangensaft, Sahnesteif und Zucker steif schlagen. Die Hälfte der Sahne auf das Apfelkompott geben und glatt streichen. Die zweite Gebäckplatte mit der Haselnussseite nach oben darauflegen.

8 Restliches Apfelkompott und restliche Sahne darauf verteilen und mit der restlichen Gebäckplatte mit Haselnussseite nach oben belegen. Den Kuchen etwa 1 Stunde in den Kühlschrank stellen.

9 Den Kuchen in 12 längliche Tortenstücke schneiden. Nach Belieben mit Puderzucker bestäuben.

Apfel-Dinkel-Torte

Zubereitungszeit: 40 Minuten, ohne Kühlzeit I Backzeit: 60–70 Minuten

12 Stücke I Pro Stück: E: 3 g, F: 13 g, Kh: 45 g, kJ: 1313, kcal: 314 I Für den Kaffeeklatsch

Für den Knetteig:

175 g Dinkelmehl

1 gestr. TL Dr. Oetker Backin

60 g brauner Zucker (Rohrzucker)

1 Ei (Größe M)

70 g weiche Butter oder Margarine

Für die Füllung:

900 g Äpfel, z. B. Cox Orange oder
Elstar

600 ml Apfelsaft, naturtrüb

2 Pck. Dr. Oetker Pudding-Pulver
Vanille-Geschmack

100 g brauner Zucker (Rohrzucker)

Für den Belag:

250 g Schlagsahne

1 Pck. Sahnesteif

1 Pck. Dr. Oetker Bourbon-Vanille-
Zucker

Zum Garnieren:

etwa 2 rote Äpfel

etwas Zitronensaft

Zum Bestäuben:

Puderzucker

1 Für den Teig Mehl in eine Rührschüssel geben. Restliche Zutaten hinzufügen und mit einem Mixer (Rührstäbe) zunächst kurz auf niedrigster, dann auf höchster Stufe zu einem glatten Teig verarbeiten. Den Teig in Frischhaltefolie gewickelt 30 Minuten kalt stellen.

2 Für die Füllung Äpfel schälen, vierteln, entkernen und in Spalten schneiden. 100 ml Apfelsaft mit Pudding-Pulver und Zucker anrühren. Restlichen Apfelsaft mit den Apfelspalten in einem Topf zum Kochen bringen und etwa 1 Minute kochen lassen. Den Topf von der Kochstelle nehmen. Angerührtes Pudding-Pulver einrühren und unter Rühren einmal aufkochen lassen. Den Topf von der Kochstelle nehmen. Apfelmasse erkalten lassen.

3 In der Zwischenzeit den Backofen vorheizen.
Ober-/Unterhitze: etwa 180 °C, Heißluft: etwa 160 °C

4 Zwei Drittel des Teiges auf dem Boden einer Springform (Ø 26 cm, gefettet) ausrollen. Einen Springformrand darumstellen. Die Form auf dem Rost in den vorgeheizten Backofen schieben. Den Knetteigboden **etwa 10 Minuten vorbacken.**

5 Die Form auf einen Kuchenrost stellen. Den Boden erkalten lassen.

6 Restlichen Teig zu einer langen Rolle formen, als Rand auf den vorgebackenen Boden legen und so an die Form drücken, dass ein etwa 3 cm hoher Rand entsteht.

7 Die Pudding-Apfel-Masse auf dem vorgebackenen Boden verteilen. Die Form wieder auf dem Rost in den vorgeheizten Backofen (untere Schiene) schieben. Die Torte **bei gleicher Backofentemperatur 50–60 Minuten backen.**

8 Die Form auf einen Kuchenrost stellen. Die Torte etwa 15 Minuten in der Form abkühlen lassen, dann den Tortenrand mit einem Messer lösen. Tortenboden in der Form erkalten lassen.

9 Für den Belag Sahne mit Sahnesteif und Vanille-Zucker steif schlagen. Die Torte aus der Form lösen und auf eine Tortenplatte setzen. Die Sahne auf der Tortenoberfläche verteilen und mit einem Esslöffel wellenartig verstreichen.

10 Zum Garnieren Äpfel waschen, abtrocknen, vierteln, entkernen und in schmale Spalten schneiden. Apfelspalten mit Zitronensaft beträufeln. Die Tortenoberfläche damit garnieren. Den Tortenrand vor dem Servieren mit Puderzucker bestäuben.

Apfelcremetorte

Zubereitungszeit: 60 Minuten, ohne Abkühl- und Kühlzeit

12 Stücke | Pro Stück: E: 4 g, F: 26 g, Kh: 25 g, kJ: 1534, kcal: 367 | Einfach

Für den Boden:

125 g Löffelbiskuits

75 g abgezogene, gemahlene Mandeln

125 g Butter

Für die Füllung:

1 Pck. gemahlene Gelatine, weiß

4 EL kaltes Wasser

150 g Joghurt

6 EL Zucker

1 Pck. Dr. Oetker Vanillin-Zucker

Saft von 1 Zitrone

1 kleines Glas feines Apfelmus (Einwaage etwa 300 g)

500 g Schlagsahne

Für den Belag:

300 g Äpfel mit roter Schale

250 ml Apfelsaft, klar

Für den Guss:

1 Pck. Tortenguss, klar

250 ml Apfelsaft, klar von den Apfelspalten

1 EL Zucker

1 Für den Boden Löffelbiskuits in einen Gefrierbeutel geben und den Beutel verschließen. Löffelbiskuits mit einer Teigrolle fein zerbröseln. Die Biskuitbrösel mit den Mandeln in eine Rührschüssel geben. Butter zerlassen, zu der Brösel-Mandel-Mischung geben und gut verrühren.

2 Einen Springformrand (Ø 26 cm) auf eine mit Tortenspitze oder Backpapier belegte Tortenplatte stellen. Die Bröselmasse darin gleichmäßig verteilen und mit einem Löffel gut zu einem Boden andrücken. Tortenboden kalt stellen.

3 Für die Füllung die Gelatine mit kaltem Wasser in einem kleinen Topf anrühren und 10 Minuten quellen lassen. Joghurt mit Zucker, Vanillin-Zucker, Zitronensaft und Apfelmus verrühren. Gelatine unter Rühren erwärmen, bis sie völlig gelöst ist. Die Gelatine mit etwa 2 Esslöffeln der Joghurt-Apfelmus-Masse verrühren, dann unter die restliche Joghurt-Apfelmus-Masse rühren. Kalt stellen.

4 Die Sahne steif schlagen. Wenn die Masse anfängt dicklich zu werden, Sahne unterheben. Die Creme auf den Bröselboden geben und glatt streichen. Die Torte etwa 2 Stunden in den Kühlschrank stellen.

5 Für den Belag Äpfel mit Schale waschen, abtrocknen, vierteln und entkernen. Apfelviertel mit Schale in Spalten schneiden. Den Apfelsaft in einem Topf zum Kochen bringen. Apfelspalten hinzugeben und aufkochen lassen. Apfelspalten in dem Apfelsaft erkalten lassen.

6 Apfelspalten auf einem Sieb abtropfen lassen, dabei den Saft auffangen und 250 ml abmessen. Die Apfelspalten auf der Tortenoberfläche verteilen.

7 Für den Guss aus Tortengusspulver, Apfelsaft und Zucker einen Guss nach Packungsanleitung zubereiten. Den Guss auf den Apfelspalten verteilen und fest werden lassen. Die Torte bis zum Servieren in den Kühlschrank stellen.

Himmel-und-Erde-Torte

Zubereitungszeit: 60 Minuten, ohne Kühlzeit | Backzeit: 50–60 Minuten
12 Stücke | Pro Stück: E: 9 g, F: 25 g, Kh: 45 g, kJ: 1870, kcal: 447 | Mit Alkohol

Für den Teig I:

400 g geschälte Kartoffeln

4 Eier (Größe M)

150 g Zucker, 1 Prise Salz

120 g Weizenmehl

1 gestr. TL Dr. Oetker Backin

100 g abgezogene, gemahlene Mandeln

50 g Korinthen

Für den Teig II:

50 g gehackte Mandeln

Zum Bestreuen:

2 EL Zimt-Zucker

25 g Butter

Für die Füllung:

750 g Äpfel, z. B. Elstar oder Braeburn

200 ml Apfelsaft

100 ml Weißwein

40 g Zucker

1 Stange Zimt

6 Blatt weiße Gelatine

500 g Schlagsahne

1 Pck. Sahnesteif

1 Pck. Dr. Oetker Vanillin-Zucker

1 Für den Teig Kartoffeln in einem Topf mit Wasser (ohne Salz) bedeckt zum Kochen bringen und etwa 20 Minuten garen. Kartoffeln abgießen, abdämpfen. Zwei Drittel der Kartoffeln sofort durch eine Kartoffelpresse drücken. Kartoffeln (gepresst und ganze Kartoffeln) erkalten lassen.

2 Den Backofen vorheizen.
Ober-/Unterhitze: etwa 180 °C, Heißluft: etwa 160 °C

3 Eier in einer Rührschüssel mit einem Mixer (Rührstäbe) auf höchster Stufe in 1 Minute schaumig schlagen. Zucker und Salz in 1 Minute unter Rühren einstreuen, dann noch etwa 2 Minuten schlagen. Mehl mit Backpulver und Mandeln mischen, in 2 Portionen kurz auf niedrigster Stufe unterrühren.

4 Ein Viertel des Biskuitteiges in eine Rührschüssel geben. Die gepressten Kartoffeln und Korinthen unter den restlichen Teig heben. Den Teig in eine Springform (Ø 26 cm, gefettet, mit Semmelbröseln ausgestreut) geben und glatt streichen. Die Form auf dem Rost in den vorgeheizten Backofen schieben. Den Boden **35–40 Minuten backen.**

5 Den Boden aus der Form lösen und auf einem mit Backpapier belegten Kuchenrost erkalten lassen.

6 Für den 2 Teig die ganzen Kartoffeln in sehr kleine Würfel schneiden. Kartoffelwürfel und Mandeln unter den restlichen Teig heben, in eine Springform (Ø 26 cm, gefettet, mit Semmelbröseln ausgestreut) geben und glatt streichen. Den Teig mit Zimt-Zucker bestreuen. Butterflöckchen darauf verteilen. Die Form auf dem Rost in den vorgeheizten Backofen schieben. Den Boden **bei gleicher Backofentemperatur 15–20 Minuten backen.**

7 Den Boden aus der Form lösen und auf dem Springformboden erkalten lassen. Für die Füllung Äpfel schälen, vierteln, entkernen, in dünne Spalten schneiden. Apfelsaft mit Wein, Zucker und Zimtstange zum Kochen bringen. Apfelspalten darin 2–3 Minuten bei schwacher Hitze kochen lassen. Zimtstange entfernen.

8 Gelatine nach Packungsanleitung einweichen, leicht ausdrücken, zu den gedünsteten Apfelspalten geben, unter Rühren auflösen. 125 g Sahne unterrühren. Apfelmasse erkalten lassen.

9 Den Tortenboden mit den Korinthen auf eine Tortenplatte legen, einen Tortenring darumstellen. Wenn die Apfelmasse anfängt dicklich zu werden, auf den Tortenboden geben und glatt streichen. Die Torte etwa 2 Stunden in den Kühlschrank stellen.

10 Restliche Sahne (375 g) mit Sahnesteif und Vanillin-Zucker steif schlagen. Sahne in einen Spritzbeutel mit Lochtülle (Ø etwa 10 mm) füllen. Den Tortenring lösen und entfernen. Die Tortenoberfläche mit Sahnetuffs verzieren.

11 Den zweiten Tortenboden in 12 Stücke schneiden. Die Tortenstücke windmühlenartig in die Sahnetuffs stecken. Die Torte nochmals etwa 30 Minuten in den Kühlschrank stellen.

Grüne Apfeltorte

Zubereitungszeit: 40 Minuten, ohne Kühlzeit I Backzeit: etwa 20 Minuten

12 Stücke I Pro Stück: E: 4 g, F: 17 g, Kh: 35 g, kJ: 1310, kcal: 313 I Raffiniert – für Kinder

Für den Rührteig:

100 g weiche Butter oder Margarine

75 g Zucker

2 Eier (Größe M)

125 g Weizenmehl

1 gestr. TL Dr. Oetker Backin

Für die Füllung:

250 ml Milch

250 g Schlagsahne

1 Pck. Grand Dessert Pudding
Bourbon Vanille
(Creme Pudding aus Raspeln)

Für den Belag:

etwa 750 g Äpfel, z. B. Granny Smith

175 g Apfelgelee

1 EL Wasser

2 EL Zitronensaft

150 ml Apfelsaft (von den Äpfeln)

½ TL Zitronensäure

5 Blatt weiße Gelatine

1 Den Backofen vorheizen.
Ober-/Unterhitze: etwa 180 °C, Heißluft: etwa 160 °C

2 Für den Teig Butter oder Margarine in einer Rührschüssel mit einem Mixer (Rührstäbe) geschmeidig rühren. Nach und nach Zucker unterrühren. So lange rühren, bis eine gebundene Masse entstanden ist. Jedes Ei etwa ½ Minute unterrühren. Mehl und Backpulver mischen, auf mittlerer Stufe unterrühren.

3 Den Teig in eine Springform (Ø 26 cm, gefettet) geben und glatt streichen. Die Form auf dem Rost in den vorgeheizten Backofen schieben. Den Tortenboden **etwa 20 Minuten backen.**

4 Den Tortenboden aus der Form lösen und auf einen mit Backpapier belegten Kuchenrost stürzen. Tortenboden erkalten lassen und auf eine Tortenplatte legen. Einen Tortenring darumstellen.

5 Für die Füllung aus Milch, Sahne und Creme Pudding einen Pudding nach Packungsanleitung zubereiten. Den Pudding etwa 5 Minuten abkühlen lassen, dabei 2–3-mal umrühren. Den warmen Pudding auf dem Tortenboden verteilen.

6 Für den Belag Äpfel heiß abspülen, abtrocknen und schälen. Von den Apfelschalen 150 g abwiegen und beiseitelegen. Äpfel vierteln und entkernen. Apfelviertel von 3 ½ Äpfeln in etwa 1 cm dicke Spalten schneiden. Restliche Apfelviertel und beiseitegelegte Schalen klein schneiden.

7 Apfelgelee mit Wasser in einem Topf zum Kochen bringen. Apfelspalten darin bei mittlerer Hitze 2–3 Minuten dünsten. Apfelspalten auf einem Sieb abtropfen lassen, den Saft dabei auffangen und 150 ml abmessen. Apfelspalten erkalten lassen und auf dem erkalteten Pudding verteilen. Die Torte wieder in den Kühlschrank stellen.

8 Apfelschalen-, stücke, Zitronensaft, Apfelsaft und Zitronensäure im Mixer fein zerkleinern. Gelatine nach Packungsanleitung einweichen, ausdrücken und in einem kleinen Topf bei schwacher Hitze unter Rühren auflösen. Gelatine unter die Apfelmasse rühren und kalt stellen, zwischendurch umrühren.

9 Wenn die Apfelmasse anfängt zu gelieren, sie auf den Apfelspalten verteilen. Die Torte wieder etwa 1 Stunde in den Kühlschrank stellen. Tortenring lösen und entfernen. Die Torte bis zum Servieren in den Kühlschrank stellen.

Wilhelm-Tell-Torte

Zubereitungszeit: 70 Minuten, ohne Kühlzeit I Backzeit: etwa 15 Minuten je Boden

16 Stücke I Pro Stück: E: 4 g, F: 19 g, Kh: 50 g, kJ: 1636, kcal: 391 I Raffiniert

Für den Rührteig:

175 g weiche Butter oder Margarine

150 g Zucker

1 Pck. Dr. Oetker Vanillin-Zucker

3 Eier (Größe M)

150 g Weizenmehl

25 g Speisestärke

½ TL Dr. Oetker Backin

Für die Füllung:

8 Blatt weiße Gelatine

1 l Apfelsaft

100 g Zucker

2 Pck. Dr. Oetker Pudding-Pulver Vanille-Geschmack

740 g stückiges Apfelmus (Apfelkompott, aus Gläsern)

Zum Verzieren und Garnieren:

400 g Schlagsahne

30 g Zucker

2 Pck. Sahnesteif

50 g Haselnusskrokant

einige Mini-Äpfel (aus der Dose)

1 Den Backofen vorheizen.
Ober-/Unterhitze: etwa 180 °C, Heißluft: etwa 160 °C

2 Für den Teig die Butter oder Margarine mit einem Mixer (Rührstäbe) auf höchster Stufe geschmeidig rühren. Nach und nach Zucker und Vanillin-Zucker unterrühren. So lange rühren, bis eine gebundene Masse entstanden ist. Jedes Ei etwa ½ Minute unterrühren.

3 Mehl mit Speisestärke und Backpulver mischen und kurz auf mittlerer Stufe unterrühren. Ein Drittel des Teiges auf einen Springformboden (Ø 26 cm, gefettet) streichen, den Springformrand darumlegen. Die Form auf dem Rost in den vorgeheizten Backofen schieben. Den Gebäckboden **etwa 15 Minuten backen.**

4 Zwei weitere Gebäckböden auf die gleiche Weise zubereiten und backen. Die Gebäckböden jeweils aus der Form lösen und auf Kuchenrosten erkalten lassen.

5 Für die Füllung Gelatine nach Packungsanleitung einweichen. Aus Apfelsaft, Zucker und Pudding-Pulver einen Pudding nach Packungsanleitung zubereiten. Die Gelatine ausdrücken und in dem heißen Pudding unter Rühren auflösen. Apfelmus unterrühren. Die Pudding-Apfelmus-Masse in den Kühlschrank stellen, bis sie anfängt zu gelieren.

6 Einen Gebäckboden auf eine Tortenplatte legen und einen Tortenring darumlegen. Die Hälfte der Pudding-Apfelmus-Masse auf dem Gebäckboden verstreichen. Den zweiten Boden darauflegen und mit der restlichen Pudding-Apfelmus-Masse bestreichen. Den dritten Boden darauflegen und leicht andrücken. Die Torte mindestens 3 Stunden (am besten über Nacht) in den Kühlschrank stellen.

7 Zum Verzieren und Garnieren Tortenring lösen und entfernen. Die Sahne mit Zucker und Sahnesteif steif schlagen. Den Tortenrand dünn und die Tortenoberfläche etwas dicker mit Sahne bestreichen.

8 Mit einem Löffelstiel Löcher in die Sahne drücken. Die Tortenoberfläche mit etwas Krokant bestreuen. Mit Mini-Äpfeln garnieren.

Tipp

Lassen Sie den Springformboden vor dem nächsten Bestreichen gut abkühlen. Sie können in der Füllung 250 ml des Apfelsafts durch Weißwein ersetzen.

Apfel-Rosmarin-Torte

Zubereitungszeit: 40 Minuten, ohne Durchzieh- und Abkühlzeit I Backzeit: 40–50 Minuten
16 Stücke I Pro Stück: E: 4 g, F: 18 g, Kh: 30 g, kJ: 1262, kcal: 302 I Raffiniert – für jeden Tag

Zum Vorbereiten:

400 g Äpfel, z. B. Elstar

25 g brauner Zucker (Rohrzucker)

1 ½ EL frische Rosmarinnadeln

Für den Rührteig:

150 g Zartbitter-Schokolade
(mindestens 50 % Kakaoanteil)

50 ml Speiseöl

150 g weiche Butter oder Margarine

120 g Zucker

1 Pck. Dr. Oetker Bourbon-Vanille-
Zucker

1 Prise Salz

3 Eier (Größe M)

200 g Weizenmehl

2 gestr. TL Dr. Oetker Backin

50 g Semmelbrösel

Für den Guss:

100 g Zartbitter-Schokolade
(mindestens 50 % Kakaoanteil)

½–1 TL Speiseöl

Nach Belieben zum Verzieren:

25 g weiße Kuvertüre oder
Schokolade

1 Zum Vorbereiten Äpfel schälen, vierteln, entkernen und in kleine Stücke schneiden. Apfelstücke mit Zucker in einen Topf geben und etwa 30 Minuten stehen lassen. Rosmarin abspülen und trocken tupfen. Die Nadeln von den Stängeln streifen. Rosmarinnadeln fein hacken.

2 Die Apfelstücke etwa 5 Minuten bei schwacher Hitze dünsten, dabei zwischendurch umrühren. Rosmarin unterrühren. Die Apfelmasse etwa 2 Stunden durchziehen lassen.

3 Für den Teig Schokolade in Stücke brechen, mit dem Speiseöl in einem kleinen Topf im heißen Wasserbad bei schwacher Hitze unter Rühren schmelzen und etwas abkühlen lassen.

4 Den Backofen vorheizen.
Ober-/Unterhitze: etwa 180 °C, Heißluft: etwa 160 °C

5 Butter oder Margarine in einer Rührschüssel mit einem Mixer (Rührstäbe) geschmeidig rühren. Nach und nach Zucker, Vanille-Zucker und Salz unterrühren. So lange rühren, bis eine gebundene Masse entstanden ist. Jedes Ei etwa ½ Minute unterrühren.

6 Mehl mit Backpulver und Semmelbröseln mischen, in 2 Portionen auf mittlerer Stufe unterrühren. Schokolade unterrühren. Apfelmasse unterheben. Den Teig in eine Springform (Ø 26 cm, gefettet) geben und glatt streichen. Die Form auf dem Rost in den vorgeheizten Backofen schieben. Die Torte **40–50 Minuten backen.**

7 Die Torte aus der Form lösen und auf einem mit Backpapier belegten Kuchenrost erkalten lassen.

8 Für den Guss Schokolade mit Speiseöl wie unter Punkt 3 beschrieben schmelzen. Die Schokolade auf die Tortenoberfläche geben und verstreichen. Schokolade fest werden lassen.

9 Nach Belieben zum Verzieren Kuvertüre oder Schokolade wie unter Punkt 3 beschrieben schmelzen, in ein Pergamentpapiertütchen füllen und eine kleine Ecke abschneiden. Den Tortenoberflächenrand damit verzieren. Kuvertüre oder Schokolade fest werden lassen.

Frau-Holle-Torte

Zubereitungszeit: 35 Minuten, ohne Kühl- und Abkühlzeit | Backzeit: etwa 45 Minuten
12 Stücke | Pro Stück: E: 4 g, F: 13 g, Kh: 32 g, kJ: 1163, kcal: 278 | Beliebt

Für den Knetteig:

200 g Weizenmehl

1 gestr. TL Dr. Oetker Backin

100 g Zucker

1 Pck. Dr. Oetker Vanillin-Zucker

1 Eigelb (Größe M)

1 Ei (Größe M)

100 g Butter

1 EL Weizenmehl

Für den Belag:

500 g Apfelmus

100 g gemahlene Haselnusskerne

75 g Wild-Preiselbeeren
(Einwaage 210 g)

1 Eiweiß (Größe M)

50 g gesiebter Puderzucker

1 Für den Knetteig Mehl mit Backpulver in einer Rührschüssel mischen. Zucker, Vanillin-Zucker, Eigelb, Ei und Butter hinzufügen und mit einem Mixer (Knethaken) zunächst kurz auf niedrigster, dann auf höchster Stufe gut durcharbeiten.

2 Anschließend den Teig auf der leicht bemehlten Arbeitsfläche kurz verkneten. Sollte er kleben, ihn in Frischhaltefolie gewickelt eine Zeit lang kalt stellen.

3 Den Backofen vorheizen.
Ober-/Unterhitze: etwa 200 °C, Heißluft: etwa 180 °C

4 Zwei Drittel des Teiges auf einem Springformboden (Ø 26 cm, gefettet) ausrollen und mehrmals mit einer Gabel einstechen. Den Springformrand darumlegen. Unter den restlichen Teig den Esslöffel Mehl kneten. Teig zu einer Rolle formen und diese als Rand auf den Teigboden legen. Die Rolle so an die Form drücken, dass ein etwa 3 cm hoher Rand entsteht. Die Form auf dem Rost in den vorgeheizten Backofen schieben und den Boden **etwa 15 Minuten vorbacken.**

5 Den Boden in der Form auf einem Kuchenrost erkalten lassen.

6 Für den Belag Apfelmus, Haselnusskerne und Preiselbeeren vermischen und gleichmäßig auf dem Teigboden verstreichen.

7 Die Backofentemperatur um 40 °C auf Ober-/Unterhitze etwa 160 °C, Heißluft etwa 140 °C vermindern.

8 Eiweiß steif schlagen. Puderzucker nach und nach unterschlagen. Eischnee in einen Spritzbeutel mit kleiner Lochtülle füllen und als kleine Wölkchen auf den Belag spritzen. Torte wieder in den heißen Backofen schieben und **etwa 30 Minuten backen.**

9 Die Torte in der Form auf einem Kuchenrost leicht abkühlen lassen, dann aus der Form lösen und vollständig erkalten lassen.

Amarettini-Torte

Zubereitungszeit: 30 Minuten, ohne Kühlzeit | Backzeit: etwa 35 Minuten

12 Stücke | Pro Stück: E: 6 g, F: 15 g, Kh: 61 g, kJ: 1752, kcal: 417 | Mit Alkohol

Für den Streuselteig:

250 g Weizenmehl

½ TL Dr. Oetker Backin

75 g Zucker

1 Pck. Dr. Oetker Bourbon-Vanille-Zucker

3 Eigelb (Größe M)

175 g Butter oder Margarine

Für die Füllung:

250 g Amarettini
(ital. Mandelmakronen)

5 EL Mandellikör

720 g Apfelkompott mit Stücken
(aus dem Glas)

Für die Baisermasse:

3 Eiweiß (Größe M)

125 g Zucker

Zum Bestreuen:

evtl. einige gehobelte Mandeln
oder Amarettinibrösel

1 Für den Teig Mehl mit Backpulver in einer Rührschüssel mischen. Zucker, Vanille-Zucker, Eigelb und Butter oder Margarine hinzufügen. Die Zutaten mit einem Mixer (Rührstäbe) zunächst kurz auf niedrigster, dann auf höchster Stufe zu feinen Streuseln verarbeiten. Zwei Drittel der Streusel gleichmäßig in einer Springform (Ø 26 cm, gefettet) verteilen und mit einem Löffel gut zu einem Boden andrücken. Restliche Streusel so andrücken, dass ein 2–3 cm hoher Rand entsteht.

2 Den Backofen vorheizen.
Ober-/Unterhitze: etwa 180 °C, Heißluft: etwa 160 °C

3 Für die Füllung Amarettini in einen Gefrierbeutel geben, ihn fest verschließen und die Amarettini mit einer Teigrolle grob zerbröseln. Brösel auf den Streuselteig geben, mit Likör beträufeln. Das Apfelkompott mit einem Löffel darauf verteilen und glatt streichen.

4 Die Form auf dem Rost in den vorgeheizten Backofen schieben und die Torte **etwa 20 Minuten backen.**

5 Für die Baisermasse das Eiweiß mit einem Mixer (Rührstäbe) auf höchster Stufe steif schlagen. Der Eischnee muss so fest sein, dass ein Messerschnitt sichtbar bleibt. Zucker nach und nach einrieseln lassen, weiterschlagen bis ein Messerschnitt sichtbar bleibt und der Eischnee glänzt.

6 Die Form auf einen Kuchenrost stellen. Die Baisermasse sofort auf die Äpfel streichen und nach Belieben mit Mandeln oder Amarettinibröseln bestreuen.

7 Die Form wieder in den heißen Backofen schieben und die Torte **bei gleicher Backofeneinstellung weitere etwa 15 Minuten backen.**

8 Die Form auf einen Kuchenrost stellen. Die Torte erkalten lassen und in Stücke schneiden.

Apfel-Quark-Charlotte

Zubereitungszeit: 90 Minuten, ohne Kühlzeit I Backzeit: etwa 8 Minuten

16 Stücke I Pro Stück: E: 5 g, F: 6 g, Kh: 32 g, kJ: 840, kcal: 200 I Etwas Besonderes – fettarm

Für den Biskuitteig:

3 Eier (Größe M), 1 Eigelb (Größe M)

60 g Zucker

1 Pck. Dr. Oetker Vanillin-Zucker

80 g Weizenmehl

½ TL Dr. Oetker Backin

Zum Bestreichen:

200 g Apfelgelee

Für die Apfelgrütze:

etwa 200 g Äpfel, z. B. Elstar
oder Jonagold

1 Pck. Rote Grütze Himbeer-
Geschmack (Dessertpulver)

300 ml Apfelsaft, 70 g Zucker

Für die Quarkcreme:

4 Blatt weiße Gelatine

200 g Schlagsahne

250 g Magerquark, 50 g Zucker

1 Pck. Dr. Oetker Finesse Geriebene
Zitronenschale

Saft von ½ Zitrone

Zum Garnieren:

1 kleiner Apfel

Saft von ½ Zitrone

1 Den Backofen vorheizen.
Ober-/Unterhitze: etwa 200 °C, Heißluft: etwa 180 °C

2 Für den Teig Eier und Eigelb in einer Rührschüssel mit einem Mixer (Rührstäbe) auf höchster Stufe in 1 Minute schaumig schlagen. Zucker und Vanillin-Zucker mischen, in 1 Minute einstreuen, dann noch etwa 2 Minuten weiterschlagen.

3 Mehl mit Backpulver mischen, auf die Eiercreme geben und kurz auf niedrigster Stufe unterrühren. Den Biskuitteig auf ein Backblech (30 x 40 cm, gefettet, mit Backpapier belegt) geben und glatt streichen. Das Backblech in den vorgeheizten Backofen schieben. Die Biskuitplatte **etwa 8 Minuten backen.**

4 Das Backblech auf einen Kuchenrost stellen. Die Biskuitplatte vom Rand lösen, auf ein mit Zucker bestreutes Stück Backpapier stürzen und erkalten lassen. Anschließend das mitgebackene Backpapier abziehen. Die Biskuitplatte mit 4 Esslöffeln Gelee bestreichen, dann von der längeren Seite aus aufrollen.

5 Eine Schüssel (etwa 1 ¾–Liter-Inhalt) mit Frischhaltefolie auslegen. Die Biskuitrolle in gut ½ cm dicke Scheiben schneiden. Die Schüssel mit zwei Dritteln der Biskuitscheiben auslegen.

6 Für die Apfelgrütze Äpfel schälen, vierteln, entkernen und fein würfeln. Aus Dessertpulver, Apfelsaft und Zucker eine Apfelgrütze nach Packungsanleitung, aber mit den hier angegebenen Zutaten, zubereiten. Die Apfelwürfel unterheben. Die Apfelgrütze erkalten lassen, dabei ab und zu umrühren.

7 Für die Quarkcreme Gelatine nach Packungsanleitung einweichen. Sahne steif schlagen. Quark mit Zucker, Zitronenschale und -saft verrühren. Gelatine leicht ausdrücken und in einem kleinen Topf bei schwacher Hitze unter Rühren auflösen. Die aufgelöste Gelatine zunächst mit etwa 3 Esslöffeln von der Quarkmasse verrühren, dann unter die restliche Quarkmasse rühren. Die Sahne unterheben.

8 Die Quarkcreme und die Apfelgrütze abwechselnd mit einem Esslöffel auf die Biskuitscheiben in der Schüssel geben. Eine Gabel leicht durch die Quarkcreme und die Apfelgrütze ziehen, sodass eine leichte Marmorierung entsteht. Die restlichen Biskuitscheiben darauflegen und leicht andrücken. Die Apfel-Quark-Charlotte mit Frischhaltefolie zugedeckt mindestens 3 Stunden in den Kühlschrank stellen.

9 Die Apfel-Quark-Charlotte vorsichtig auf eine Tortenplatte stürzen. Die Schüssel abnehmen und die Frischhaltefolie entfernen. Anschließend das restliche Apfelgelee in einem kleinen Topf unter Rühren aufkochen. Die Apfel-Quark-Charlotte mit dem Apfelgelee bestreichen.

10 Den Apfel abspülen, abtrocknen, vierteln, entkernen und in sehr dünne Spalten schneiden. Die Apfelspalten mit Zitronensaft bestreichen und vorsichtig an den unteren Rand der Charlotte drücken.

Apfelmustorte mit Sahne

Zubereitungszeit: 40 Minuten, ohne Abkühl- und Kühlzeit | Backzeit: 15–20 Minuten je Boden
12 Stücke | Pro Stück: E: 6 g, F: 33 g, Kh: 44 g, kJ: 2110, kcal: 504 | Für Gäste

Für den Rührteig:

250 g weiche Butter oder Margarine

200 g Zucker

1 Pck. Dr. Oetker Vanillin-Zucker

1 Prise Salz

5 Eier (Größe M)

250 g Weizenmehl

2 gestr. TL Dr. Oetker Backin

Für die Füllung:

720 g Apfelmus
(aus dem Glas)

Zum Bestreichen und Bestreuen:

400 g Schlagsahne

1 Pck. Sahnesteif

30 g gehobelte Haselnusskerne

1 Den Backofen vorheizen.
Ober-/Unterhitze: etwa 180 °C, Heißluft: etwa 160 °C

2 Für den Teig Butter oder Margarine mit einem Mixer (Rührstäbe) auf höchster Stufe geschmeidig rühren. Nach und nach Zucker, Vanillin-Zucker und Salz unterrühren. So lange rühren, bis eine gebundene Masse entstanden ist. Jedes Ei etwa ½ Minute unterrühren.

3 Mehl mit Backpulver mischen und in 2 Portionen auf mittlerer Stufe unterrühren. Den Teig in 4 gleiche Portionen teilen. Eine Portion Teig in eine Springform (Ø 26 cm, gefettet) geben und glatt streichen. Die Form auf dem Rost in den vorgeheizten Backofen schieben und den Boden **15–20 Minuten backen.**

4 Den Tortenboden sofort aus der Springform lösen, auf einen mit Backpapier belegten Kuchenrost legen und erkalten lassen. Springformboden mit Küchenpapier reinigen, wieder einfetten und in den Springformrand spannen. Restlichen Teig auf die gleiche Weise verarbeiten. Tortenböden wie beschrieben backen und erkalten lassen.

5 Drei Tortenböden mit je einem Drittel des Apfelmuses bestreichen und auf eine Tortenplatte stapeln. Den unbestrichenen Tortenboden darauflegen und leicht andrücken.

6 Die Sahne mit Sahnesteif nach Packungsanleitung steif schlagen. Tortenrand und -oberfläche mit Sahne bestreichen. Mit einem Tortenkamm oder einer Gabel ein Muster in die Oberfläche ziehen. Die Torte bis zum Servieren kühl stellen.

7 Die gehobelten Nusskerne in einer Pfanne ohne Fett goldbraun rösten, erkalten lassen und kurz vor dem Servieren auf die Torte streuen.

Bereiten Sie die Torte möglichst einen Tag vor dem Verzehr zu, da sie durchgezogen noch besser schmeckt.

Tipp

Apfel-Wein-Torte

Zubereitungszeit: 45 Minuten, ohne Abkühl- und Kühlzeit I Backzeit: etwa 60 Minuten
14 Stücke I Pro Stück: E: 3 g, F: 17 g, Kh: 54 g, kJ: 1720, kcal: 413 I Mit Alkoho

Für den Knetteig:

250 g Weizenmehl

1 gestr. TL Dr. Oetker Backin

125 g Zucker

1 Pck. Dr. Oetker Vanillin-Zucker

1 Ei (Größe M)

125 g Butter oder Margarine

2 EL Semmelbrösel

Für den Belag:

1 kg Äpfel, z. B. Jonagold

1 Msp. gemahlener Zimt

2 Pck. Dr. Oetker Pudding-Pulver
Vanille-Geschmack

750 ml Apfelwein

175 g Zucker

400 g Schlagsahne

2 Pck. Sahnesteif

1 Pck. Dr. Oetker Vanillin-Zucker

Zum Bestäuben:

etwas Kakaopulver

1 Für den Teig Mehl mit Backpulver in einer Rührschüssel mischen. Zucker, Vanillin-Zucker, Ei und Butter oder Margarine hinzufügen. Die Zutaten mit einem Mixer (Knethaken) zunächst kurz auf niedrigster, dann auf höchster Stufe gut durcharbeiten.

2 Anschließend auf der leicht bemehlten Arbeitsfläche zu einem glatten Teig verkneten. Sollte er kleben, ihn in Frischhaltefolie gewickelt eine Zeit lang kalt stellen.

3 Zwei Drittel des Knetteiges auf dem Boden einer Springform (Ø 28 cm, gefettet) ausrollen. Den Springformrand darumstellen. Restlichen Teig zu einer Rolle formen und so an den Formrand drücken, dass ein gut 3 cm hoher Rand entsteht. Den Teigboden mit Semmelbröseln bestreuen.

4 Den Backofen vorheizen.
Ober-/Unterhitze: etwa 180 °C, Heißluft: etwa 160 °C

5 Für den Belag die Äpfel schälen, vierteln und entkernen. Die Apfelviertel in dünne Spalten schneiden. Die Apfelspalten mit Zimt mischen und auf dem Teigboden verteilen.

6 Aus Pudding-Pulver, Apfelwein und Zucker nach Packungsanleitung, aber mit den hier angegebenen Zutaten, einen Pudding zubereiten und noch heiß auf den Apfelspalten verteilen. Die Form auf dem Rost in den vorgeheizten Backofen schieben. Die Torte **etwa 60 Minuten backen.**

7 Die Form auf einen Kuchenrost stellen. Die Torte vom Rand lösen, aber in der Form etwa 60 Minuten abkühlen lassen. Dann Rand und Boden lösen und entfernen. Die Torte auf einem mit Backpapier belegten Kuchenrost erkalten lassen.

8 Sahne mit Sahnesteif und Vanillin-Zucker steif schlagen und auf die Tortenoberfläche streichen. Die Torte etwa 30 Minuten kalt stellen. Die Torte vor dem Servieren mit Kakao bestäuben.

Apfel-Ananas-Torte

Zubereitungszeit: 50 Minuten, ohne Abkühl- und Kühlzeit | Backzeit: etwa 25 Minuten

12 Stücke | Pro Stück: E: 4 g, F: 27 g, Kh: 44 g, kJ: 1852, kcal: 442 | Etwas aufwändiger

Für den Rührteig:

150 g weiche Butter oder Margarine

125 g Zucker

1 Pck. Dr. Oetker Vanillin-Zucker

3 Eier (Größe M)

150 g Weizenmehl

25 g gesiebte Speisestärke

1 gestr. TL Dr. Oetker Backin

Für den Belag:

50 g Kokosraspel

30 g Zucker

1 Pck. Dr. Oetker Vanillin-Zucker

20 g zerlassene (flüssige) Butter

Für die Füllung:

1 Dose Ananasstücke (Abtropfgewicht 275 g)

evtl. 50 ml Apfelsaft oder Wasser

750 g Äpfel, z. B. Elstar, Cox Orange

1 Pck. Dr. Oetker Pudding-Pulver
Vanille-Geschmack

3 Blatt weiße Gelatine

400 g Schlagsahne

20 g Puderzucker

1 Für den Teig Butter oder Margarine in einer Rührschüssel mit einem Mixer (Rührstäbe) geschmeidig rühren. Nach und nach Zucker und Vanillin-Zucker unterrühren. So lange rühren, bis eine gebundene Masse entstanden ist.

2 Jedes Ei etwa ½ Minute unterrühren. Mehl mit Speisestärke und Backpulver mischen und auf mittlerer Stufe kurz unterrühren. Den Teig in eine Springform (Ø 26 cm, gefettet) geben und glatt streichen.

3 Den Backofen vorheizen.
Ober-/Unterhitze: etwa 180 °C, Heißluft: etwa 160 °C

4 Für den Belag Kokosraspel mit Zucker, Vanillin-Zucker und der flüssigen Butter gut vermischen. Die Kokosmasse auf den Rührteig geben und mit einer Gabel gleichmäßig verteilen. Die Form auf dem Rost in den vorgeheizten Backofen (unteres Drittel) schieben. Den Gebäckboden **etwa 25 Minuten backen.**

5 Den Gebäckboden aus der Form lösen und auf einem mit Backpapier belegten Kuchenrost erkalten lassen.

6 Für die Füllung die Ananasstücke auf einem Sieb gut abtropfen lassen, dabei den Saft auffangen und 250 ml abmessen, evtl. mit Apfelsaft oder Wasser auffüllen. Äpfel schälen, vierteln, entkernen, in dünne Spalten schneiden und in einen Topf geben. 200 ml des Ananassaftes hinzugeben, zum Kochen bringen und 2–3 Minuten kochen lassen.

7 Pudding-Pulver mit dem restlichen Ananassaft anrühren. Angerührtes Pudding-Pulver und Ananasstücke in die von der Kochstelle genommene Apfelmasse rühren und unter Rühren gut aufkochen lassen. Den Topf von der Kochstelle nehmen. Die Apfel-Ananas-Masse etwa 15 Minuten abkühlen lassen.

8 Den Gebäckboden einmal waagerecht durchschneiden. Den unteren Gebäckboden auf eine Tortenplatte legen, einen Tortenring darumstellen. Den oberen Gebäckboden mit einem Sägemesser in 12 Stücke schneiden.

9 Die Apfel-Ananas-Masse auf den unteren Gebäckboden geben, glatt streichen und anschließend erkalten lassen.

10 Gelatine nach Packungsanleitung einweichen. Sahne mit Puderzucker steif schlagen. Die eingeweichte Gelatine ausdrücken und in einem kleinen Topf unter Rühren auflösen. Gelatine unter die Sahne rühren, auf der Apfel-Ananas-Masse verteilen und glatt streichen. Die vorbereiteten Tortenstücke darauflegen und etwas andrücken. Die Torte etwa 2 Stunden in den Kühlschrank stellen. Tortenring lösen und entfernen.

Apfeltorte mit Zwiebackhaube

Zubereitungszeit: 45 Minuten, ohne Abkühlzeit | Backzeit: etwa 50 Minuten

12 Stücke | Pro Stück: E: 3 g, F: 19 g, Kh: 40 g, kJ: 1461, kcal: 349 | Einfach

Für die Füllung:

1 kg Äpfel

125 ml Wasser

2 EL Zitronensaft

Für die Zwiebackhaube:

125 g Butter

5 Zwiebäcke (etwa 60 g)

75 g Zucker

1 Pck. Dr. Oetker Vanillin-Zucker

Für den Rührteig:

125 g weiche Butter oder Margarine

100 g Zucker

1 Pck. Dr. Oetker Vanillin-Zucker

1 Prise Salz

2 Eier (Größe M)

200 g Weizenmehl

1 ½ gestr. TL Dr. Oetker Backin

1–2 TL Puderzucker

1 Für die Füllung Äpfel schälen, vierteln, entkernen und längs halbieren. Apfelachtel mit Wasser und Zitronensaft zugedeckt kurz aufkochen, dann 5–8 Minuten bei schwacher Hitze dünsten, abkühlen lassen.

2 Für die Zwiebackhaube die Butter in einem Topf zerlassen, dann abkühlen lassen. Die Zwiebäcke in Stücke brechen und in einen Gefrierbeutel füllen. Den Beutel fest verschließen. Die Zwiebackstücke mit der Teigrolle fein zerbröseln. Zwiebackbrösel mit Zucker, Vanillin-Zucker und Butter mischen.

3 Den Backofen vorheizen.
Ober-/Unterhitze: etwa 180 °C, Heißluft: etwa 160 °C

4 Für den Teig Butter oder Margarine mit einem Mixer (Rührstäbe) auf höchster Stufe geschmeidig rühren. Nach und nach Zucker, Vanillin-Zucker und Salz unterrühren. So lange rühren, bis eine gebundene Masse entstanden ist. Jedes Ei etwa ½ Minute unterrühren.

5 Mehl mit Backpulver mischen und in 2 Portionen auf mittlerer Stufe unter den Teig rühren. Den Teig in eine Springform (Ø 26 cm, Boden gefettet) füllen und glatt streichen. Die Apfelachtel darauf verteilen, die Zwiebackbröselmasse in Klecksen daraufgeben.

6 Die Form auf dem Rost in den vorgeheizten Backofen schieben. Die Torte **etwa 50 Minuten backen.**

7 Die Form auf einen Kuchenrost stellen. Die Torte etwa 10 Minuten in der Form stehen lassen, dann aus der Form lösen, auf einem Kuchenrost erkalten lassen.

8 Die Apfeltorte vor dem Servieren mit Puderzucker bestäuben.

Tipp

Wenn die Äpfel etwas fester bleiben sollen, die Äpfel nicht dünsten, sondern nur mit Zitronensaft beträufeln. Zusätzlich 2–3 Esslöffel abgezogene, gemahlene Mandeln unter die Zwiebackbrösel mischen.

Arme-Ritter-Torte

Zubereitungszeit: 45 Minuten, ohne Abkühlzeit I Backzeit: etwa 50 Minuten

12 Stücke I Pro Stück: E: 7 g, F: 20 g, Kh: 33 g, kJ: 1420, kcal: 339 I Für Kinder – raffiniert

Für den Rührteig:

125 g weiche Butter oder Margarine

50 g brauner Zucker

1 Pck. Dr. Oetker Vanillin-Zucker

100 g Ahornsirup

3 Eier (Größe M)

200 g Weizenmehl

2 gestr. TL Dr. Oetker Backin

3–4 EL Milch (3,5 % Fett)

75 g gemahlene Mandeln

Für die Füllung:

4 mittelgroße Äpfel

1 EL Zitronensaft

Für den Belag:

125 ml Milch (3,5 % Fett)

1 Ei (Größe M)

1–2 EL Zucker

2 Scheiben Toastbrot oder 1 Brötchen
in Scheiben (Semmel, vom Vortag)

25 g gemahlene Mandeln

50 g Butter

Zum Bestäuben:

30 g Puderzucker

1 Für den Teig Butter oder Margarine mit einem Mixer (Rührstäbe) auf höchster Stufe geschmeidig rühren. Nach und nach Zucker, Vanillin-Zucker und Sirup unterrühren. So lange rühren, bis eine gebundene Masse entstanden ist.

2 Jedes Ei etwa ½ Minute unterrühren. Mehl mit Backpulver mischen und abwechselnd in 2 Portionen mit Milch und Mandeln kurz auf mittlerer Stufe unterrühren. Die Hälfte des Teiges in eine Springform (Ø 26 cm, Boden gefettet) geben und glatt streichen.

3 Den Backofen vorheizen.
Ober-/Unterhitze: etwa 180 °C, Heißluft: etwa 160 °C

4 Für die Füllung die Äpfel schälen, mit einem Apfelausstecher das Kerngehäuse herausstechen. Äpfel in etwa 1 cm dicke Ringe schneiden und mit Zitronensaft beträufeln. Apfelringe dachziegelartig auf den Teig legen. Restlichen Teig darauf verteilen.

5 Für den Belag Milch, Ei und Zucker gut verrühren. Toastbrot- oder Brötchenscheiben darin einweichen. Anschließend die Toast- oder Brötchenscheiben in je 4 Dreiecke schneiden, auf dem Teig verteilen und mit Mandeln bestreuen. Butter in Flöckchen daraufsetzen.

6 Die Form auf dem Rost in den vorgeheizten Backofen schieben. Die Torte **etwa 50 Minuten backen.**

7 Die Form auf einen Kuchenrost stellen. Die Torte etwas abkühlen lassen, dann aus der Form lösen. Die Torte auf einem Kuchenrost erkalten lassen. Die Tortenoberfläche mit Puderzucker bestäuben.

Apfel-Frischkäse-Torte

Zubereitungszeit: 40 Minuten, ohne Kühlzeit I Backzeit: 25–30 Minuten

12 Stücke I Pro Stück: E: 9 g, F: 32 g, Kh: 33 g, kJ: 1920, kcal: 459 I Fruchtig

Für den All-in-Teig:

100 g Weizenmehl

25 g Speisestärke

3 gestr. TL Dr. Oetker Backin

125 g Zucker

1 Pck. Dr. Oetker Vanillin-Zucker

1 Prise Salz

3 Eier (Größe M)

125 g zerlassene, abgekühlte Butter oder Margarine

100 g gehobelte, geröstete Mandeln

Für den Belag:

6 Blatt weiße Gelatine

250 g Schlagsahne

400 g Doppelrahm-Frischkäse

75 g Zucker

2 EL Zitronensaft

1 Glas Apfelkompott
(Einwaage 360 g)

Zum Garnieren:

1 Apfel mit roter Schale

1 EL Zitronensaft

1 Den Backofen vorheizen.
Ober-/Unterhitze: etwa 180 °C, Heißluft: etwa 160 °C

2 Für den Teig Mehl, Speisestärke und Backpulver in einer Rührschüssel mischen. Zucker, Vanillin-Zucker, Salz, Eier und Butter oder Margarine hinzufügen und mit einem Mixer (Rührstäbe) auf höchster Stufe etwa 1 Minute zu einem glatten Teig verarbeiten. Zum Schluss 75 g Mandeln kurz unterrühren.

3 Den Teig in eine Springform (Ø 26 cm, mit Backpapier belegt) geben und glatt streichen. Die Form auf dem Rost auf mittlerer Einschubleiste in den vorgeheizten Backofen schieben. Den Tortenboden **25–30 Minuten backen.**

4 Die Form etwa 10 Minuten auf einem Kuchenrost abkühlen lassen. Den Kuchen mit einem Messer aus der Form lösen und auf einen mit Backpapier belegten Kuchenrost legen. Tortenboden etwa 1 Stunde erkalten lassen.

5 Für den Belag Gelatine nach Packungsanleitung einweichen. Sahne steif schlagen. Den Doppelrahmfrischkäse mit Zucker und Zitronensaft mit einem Mixer (Rührstäbe) gut verrühren. Apfelkompott unterrühren.

6 Gelatine leicht ausdrücken und in einem kleinen Topf bei schwacher Hitze unter Rühren auflösen. 4 Esslöffel der Apfel-Frischkäse-Masse in den Topf geben und unterrühren. Die Gelatinemasse sofort mit der restlichen Apfel-Frischkäse-Masse verrühren. Sahne kurz unterrühren.

7 Den Boden auf eine Tortenplatte legen und mitgebackenes Backpapier entfernen. Den gesäuberten Springformrand darumstellen. Die Creme einfüllen und glatt streichen. Die Torte etwa 2 Stunden in den Kühlschrank stellen. Dann den Springformrand lösen und entfernen.

8 Zum Garnieren Apfel waschen, vierteln, entkernen und die Viertel quer in dünne Scheiben schneiden. Die Apfelscheiben mit Zitronensaft bestreichen, auf die Torte legen und mit den restlichen Mandeln bestreuen.

Tipp

Den Frischkäse durch Speisequark (20 % Fett) ersetzen.

Rosa Birnen-Apfel-Torte

Zubereitungszeit: 50 Minuten, ohne Abkühlzeit | Backzeit: etwa 20 Minuten
12 Stücke | Pro Stück: E: 4 g, F: 4 g, Kh: 29 g, kJ: 740, kcal: 177 | Fettarm

Für den All-in-Teig:

100 g Weizenmehl

2 gestr. TL Dr. Oetker Backin

50 g Zucker

1 Pck. Dr. Oetker Vanillin-Zucker

3 Eier (Größe M)

2 EL Speiseöl

1 Pck. Dr. Oetker Finesse Geriebene Zitronenschale

Zum Bestreichen:

2 EL Aprikosenkonfitüre

2 EL Zitronensaft

Für den Belag:

etwa 500 g Birnen

etwa 350 g kleine Äpfel

250 ml Apfelsaft

2 EL Instant-Getränkepulver mit Kirsch- oder Himbeer-Geschmack

2 EL Zitronensaft

30 g Zucker

6 Blatt weiße Gelatine

300 g fettarmer Joghurt

1 Den Backofen vorheizen.
Ober-/Unterhitze: etwa 180 °C, Heißluft: etwa 160 °C

2 Für den Teig Mehl mit Backpulver in einer Rührschüssel mischen. Restliche Zutaten hinzufügen und mit einem Mixer (Rührstäbe) zunächst kurz auf niedrigster, dann auf höchster Stufe in etwa 2 Minuten zu einem glatten Teig verarbeiten. Den Teig in eine Springform (Ø 26 cm, Boden gefettet, mit Backpapier belegt) geben und glatt streichen. Die Form auf dem Rost in den vorgeheizten Backofen schieben. Den Gebäckboden **etwa 20 Minuten backen.**

3 Den Boden aus der Form lösen, auf einen mit Backpapier belegten Kuchenrost stürzen und erkalten lassen. Mitgebackenes Backpapier abziehen. Gebäckboden auf eine Tortenplatte legen. Die Oberfläche mit einem Holzstäbchen mehrmals einstechen. Einen Tortenring darumlegen.

4 Zum Bestreichen Konfitüre durch ein Sieb streichen, mit Zitronensaft verrühren und auf den Gebäckboden streichen.

5 Für den Belag Birnen und Äpfel schälen, vierteln, entkernen und achteln. Apfelsaft mit Getränkepulver, Zitronensaft und Zucker in einem Topf verrühren, unter Rühren zum Kochen bringen. Apfel- und Birnenstücke hineingeben und etwa 5 Minuten leicht kochen lassen.

6 Gelatine nach Packungsanleitung einweichen. Die Birnen-Apfel-Masse abtropfen lassen und den Saft auffangen. Gelatine leicht ausdrücken, sofort in dem heißen, aufgefangenen Saft unter Rühren auflösen. Den Gelatine-Fruchtsaft erkalten lassen.

7 Die Apfel- und Birnenstücke auf dem Gebäckboden verteilen, dabei einen etwa 1 cm breiten Rand frei lassen. Wenn der Gelatine-Fruchtsaft anfängt zu gelieren, den Joghurt unterrühren. Die Joghurtmasse auf den Apfel- und Birnenstücken verteilen. Die Torte etwa 3 Stunden kalt stellen. Tortenring lösen und entfernen.

Apfelmus-Rosinen-Muffins

Zubereitungszeit: 25 Minuten, ohne Abkühlzeit | Backzeit: etwa 30 Minuten

12 Stücke | Pro Stück: E: 3 g, F: 13 g, Kh: 33 g, kJ: 1093, kcal: 261 | Einfach – schnell gemacht

Für den Teig:

170 g Weizenmehl

30 g Weichweizengrieß

3 gestr. TL Dr. Oetker Backin

1 Prise Salz

120 g Zucker

1 Pck. Dr. Oetker Vanillin-Zucker

250 g Apfelmus (aus dem Glas)

50 ml Buttermilch

100 ml neutrales Speiseöl,
z. B. Sonnenblumenöl

1 Ei (Größe M)

70 g Rosinen

Für den Belag:

150 g Schmand
(24 % Fett, Sauerrahm)

20 g Apfelchips (erhältlich in
Bioläden oder bei Obsthändlern)

1 EL Puderzucker

1 Den Backofen vorheizen.
Ober-/Unterhitze: etwa 180 °C, Heißluft: etwa 160 °C

2 Für den Teig Mehl, Weichweizengrieß, Backpulver, Salz, Zucker und Vanillin-Zucker in einer Rührschüssel mit einem Schneebesen verrühren.

3 Apfelmus mit Buttermilch, Speiseöl und Ei in einem Rührbecher mit dem Schneebesen verrühren. Die flüssigen Zutaten zu der Mehl-Grieß-Mischung in die Rührschüssel geben und zu einem glatten Teig verrühren. Rosinen unterrühren.

4 Den Teig in eine Muffinform (für 12 Muffins, gefettet, bemehlt) geben. Die Form auf dem Rost in den vorgeheizten Backofen schieben. Muffins **etwa 30 Minuten backen.**

5 Die Form auf einen Kuchenrost stellen. Muffins etwa 5 Minuten in der Form abkühlen lassen, dann aus der Form lösen und auf dem Kuchenrost erkalten lassen.

6 Für den Belag Schmand verrühren und mit einem Teelöffel als breiten Klecks auf die erkalteten Muffins geben. Apfelchips in grobe Stücke brechen und in den Schmand stecken. Mit Puderzucker bestäuben. Muffins sofort servieren.

Statt Schmand können Sie auch griechischen Sahnejoghurt (10 % Fett) verwenden.
Statt Apfelchips Eierlikör auf die Schmandkleckse träufeln.

Tipp

Vanille-Apfel-Küchlein

Zubereitungszeit: 20 Minuten, ohne Auftau-, Abkühl- und Ruhezeit I Backzeit: etwa 25 Minuten je Backblech

8 Stücke I Pro Stück: E: 4 g, F: 14 g, Kh: 57 g, kJ: 1597, kcal: 382 I Schnell – mit Alkohol

Für den Teigboden:

450 g TK-Blätterteig

Für den Belag:

1 kg Äpfel, z. B. Elstar

etwas Zitronensaft

100 g Zucker

150 ml Weißwein

1 Vanilleschote

100 g Puderzucker

1 Die Blätterteigplatten nebeneinander zugedeckt nach Packungsanleitung auftauen.

2 Für den Belag Äpfel schälen, vierteln und die Kerngehäuse entfernen. 8 Apfelviertel mit Zitronensaft beträufeln und beiseitelegen. Restliche Apfelviertel in Stücke schneiden.

3 Apfelstücke, Zucker und Weißwein in einen Topf geben und verrühren. Vanilleschote längs aufschneiden und das Mark herauskratzen. Vanillemark zu den Apfelstücken geben, zum Kochen bringen. Die Apfelstücke im offenen Topf so lange leicht kochen lassen, bis die Apfelstücke weich und der Wein verdampft ist. Topf von der Kochstelle nehmen, Apfel-kompott etwas abkühlen lassen.

4 Die Blätterteigplatten aufeinanderlegen und auf der bemehlten Arbeitsfläche zu einem Rechteck (etwa 38 x 50 cm) ausrollen. 8 runde Platten (Ø etwa 12 cm) ausstechen.

5 Jeweils 4 Teigplatten auf ein Backblech (gefettet, mit Backpapier belegt) legen. Das Apfel-kompott in die Mitte der Blätterteigplatten geben, sodass jeweils ein etwa 1 cm breiter Teigrand frei bleibt.

6 Die beiseitegelegten Apfelviertel in Spalten schneiden, auf das Kompott legen und dick mit Puderzucker bestäuben. Den belegten Blätterteig etwa 15 Minuten ruhen lassen.

7 In der Zwischenzeit den Backofen vorheizen.
Ober-/Unterhitze: etwa 200 °C, Heißluft: etwa 180 °C

8 Die Backbleche nacheinander (bei Heißluft zusammen) in den vorgeheizten Backofen schieben. Die Vanille-Apfel-Küchlein **etwa 25 Minuten je Backblech backen.**

9 Die Apfel-Küchlein jeweils vom Backblech lösen, auf eine Platte legen und sofort servieren.

Crème fraîche oder steif geschlagene Schlag-sahne dazu servieren. Die Blätterteigreste können locker zusammengelegt und wieder ausgerollt werden. Anschließend 2 runde Platten (Ø etwa 12 cm) daraus ausstechen.

Tipp

Apfel-Marzipan-Muffins

Zubereitungszeit: 30 Minuten, ohne Abkühlzeit I Backzeit: 20–25 Minuten
12 Stücke I Pro Stück: E: 6 g, F: 15 g, Kh: 27 g, kJ: 1120, kcal: 268 I Raffiniert

Für den Rührteig:

250 g Äpfel, z. B. Jonagold

1 EL Zitronensaft

2 Eiweiß (Größe M)

1 Prise Salz

75 g Zucker

200 g Marzipan-Rohmasse

70 g weiche Butter

2 Eigelb (Größe M)

2 Eier (Größe M)

125 g Weizenmehl

1 gestr. TL Dr. Oetker Backin

1 Msp. gemahlener Ingwer

Zum Bestreichen und Bestreuen:

30 g abgezogene, gehobelte Mandeln

2–3 EL Aprikosenkonfitüre

1 EL Wasser

1 Für den Teig Äpfel abspülen, schälen, vierteln und die Kerngehäuse entfernen. Apfelviertel auf der groben Seite der Haushaltsreibe raspeln, mit Zitronensaft mischen.

2 Den Backofen vorheizen.
Ober-/Unterhitze: etwa 180 °C, Heißluft: etwa 160 °C

3 Eiweiß, Salz und 25 g Zucker in eine Rührschüssel geben und mit einem Mixer (Rührstäbe) steif schlagen. Eischnee beiseitestellen.

4 Marzipan-Rohmasse in kleine Stücke brechen, mit der Butter in eine Rührschüssel geben und mit einem Mixer (Rührstäbe) geschmeidig rühren. Restlichen Zucker und Eigelb unterrühren, so lange rühren, bis eine geschmeidige Masse entstanden ist. Jedes Ei etwa ½ Minute unterrühren.

5 Mehl mit Backpulver und Ingwer mischen und mit den geraspelten Äpfeln unterrühren. Eischnee in 2 Portionen kurz unterrühren. Den Teig in eine Muffinform (für 12 Muffins, gefettet, mit Semmelbröseln ausgestreut) füllen. Die Muffinform auf dem Rost in den vorgeheizten Backofen schieben. Die Muffins **20–25 Minuten backen.**

6 Die Muffinform auf einen Kuchenrost stellen. Nach 5 Minuten die Muffins aus der Form lösen und auf einem mit Backpapier belegten Kuchenrost abkühlen lassen.

7 Die Mandeln in einer Pfanne ohne Fett bei schwacher Hitze goldbraun rösten, auf einen Teller geben und erkalten lassen. Aprikosenkonfitüre und Wasser in einem kleinen Topf verrühren, aufkochen, auf die Muffins streichen (stückige Konfitüre nach dem Aufkochen durch ein Sieb streichen) und mit gehobelten Mandeln bestreuen.

Windbeutel mit Apfelfüllung

Zubereitungszeit: 60 Minuten, ohne Abkühl- und Kühlzeit I Backzeit: 25–30 Minuten
8 Stücke I Pro Stück: E: 8 g, F: 29 g, Kh: 38 g, kJ: 1992, kcal: 476 I Mit Alkohol

Für die Füllung:

600 g Äpfel, z. B. Elstar

200 ml Weißwein

1 Pck. Dr. Oetker Vanillin-Zucker

1–2 EL Zucker

1 EL Speisestärke

2 EL Wasser

175 ml Apfelkochsud

2 EL Calvados

500 g Schlagsahne

1 EL gesiebter Puderzucker

1 Pck. Dr. Oetker Vanillin-Zucker

2 Pck. Sahnesteif

Für den Brandteig:

150 g Weizenmehl

30 g Speisestärke

250 ml Wasser

50 g Butter

5 Eier (Größe M)

1 gestr. TL Dr. Oetker Backin

Zum Bestäuben:

etwas Puderzucker

1 Für die Füllung Äpfel schälen, vierteln, die Kerngehäuse entfernen und die Viertel der Länge nach in etwa 1 cm breite Spalten schneiden.

2 Weißwein, Vanillin-Zucker und 1 Esslöffel Zucker in einem flachen Topf aufkochen. Apfelspalten etwa 3 Minuten darin dünsten, sie sollten nicht zerfallen. Apfelspalten auf einem Sieb abtropfen lassen, dabei den Kochsud auffangen, 175 ml abmessen.

3 Speisestärke und Wasser verrühren. Aufgefangenen Sud aufkochen, angerührte Stärke einrühren und unter Rühren aufkochen. Topf von der Kochstelle nehmen. Zwei Drittel der Apfelspalten in den Sud geben. Kompott erkalten lassen. Das Kompott und restliche Apfelspalten zugedeckt kühl stellen.

4 Für den Teig Mehl und Speisestärke in einer Schüssel mischen. Wasser und Butter in einem Stieltopf aufkochen. Den Topf von der Kochstelle nehmen, das Mehlgemisch auf einmal in den Topf schütten und mit einem Kochlöffel zu einem glatten Kloß verrühren. Den Topf wieder auf die Kochstelle setzen. Den Teigkloß unter Rühren etwa 1 Minute erhitzen, bis er glänzt.

5 Den heißen Teigkloß sofort in eine Rührschüssel geben. Eier nach und nach mit einem Mixer (Knethaken) auf höchster Stufe unterarbeiten. Den Teig abkühlen lassen.

6 Den Backofen vorheizen.
Ober-/Unterhitze: etwa 200 °C, Heißluft: etwa 180 °C

7 Das Backpulver in den abgekühlten Teig rühren. Mit 2 Esslöffeln 8 Teighäufchen auf ein Backblech (gefettet, mit Backpapier belegt) setzen. Das Backblech in den vorgeheizten Backofen schieben. Die Windbeutel **25–30 Minuten backen.** Während der ersten etwa 15 Minuten Backzeit die Backofentür nicht öffnen, da der Brandteig sonst zusammenfällt.

8 Sofort nach dem Backen von jedem Windbeutel mit einer Schere einen Deckel abschneiden. Windbeutel und Deckel auf einem Kuchenrost erkalten lassen.

9 Apfelkompott mit Calvados und restlichem Zucker abschmecken. Sahne mit Puderzucker, Vanillin-Zucker und Sahnesteif steif schlagen. Die Sahne in einen Spritzbeutel mit großer Sterntülle füllen.

10 Apfelkompott in die unteren Hälften der Windbeutel verteilen, die Schlagsahne jeweils kreisförmig daraufspritzen, mit restlichen Apfelspalten garnieren. Deckel auflegen und mit Puderzucker bestäuben.

Apfelschnecken

Zubereitungsze t: 20 Minuten, ohne Teiggeh- und Abkühlzeit I Backzeit: etwa 25 M nuten
8 Stücke I Prc Stück: E: 4 g, F: 11 g, Kh: 45 g, kJ: 1280, kcal: 306 I Für Kinder

Für den Hefeteig:

125 ml Milch

70 g weiche Butter oder Margarine

250 g Weizenmehl (Type 550)

1 Pck. Dr. Oetker Trockenbackhefe

30 g Zucker

Für die Füllung:

500 g säuerliche Äpfel, z. B. Elstar

30 g Butter

50 g Zucker

1 Prise gemahlener Zimt

1 Pck. Dr. Oetker Finesse Geriebene Zitronenschale

2 EL Milch

2 EL Zucker

1 Für den Hefeteig Milch leicht erwärmen und Butter oder Margarine darin zerlassen. Milch etwas abkühlen lassen. Mehl in eine Rührschüssel geben und sorgfältig mit der Trockenbackhefe vermischen. Zucker und lauwarme Milch-Fett-Mischung hinzufügen.

2 Die Zutaten mit einem Mixer (Knethaken) zunächst kurz auf niedrigster, dann auf höchster Stufe in etwa 5 Minuten zu einem glatten Teig verarbeiten. Den Teig zugedeckt so lange an einem warmen Ort gehen lassen, bis er sich sichtbar vergrößert hat (etwa 40 Minuten).

3 Für die Füllung Äpfel schälen, vierteln und die Kerngehäuse entfernen. Die Apfelviertel in etwa ½ cm große Würfel schneiden. Butter in einem kleinen Topf zerlassen. Apfelwürfel, Zucker, Zimt und Zitronenschale dazugeben, verrühren und aufkochen. Dann im geschlossenen Topf bei milder Hitze etwa 5 Minuten dünsten. Abkühlen lassen.

4 Den Teig leicht mit Mehl bestäuben und auf der leicht bemehlten Arbeitsfläche nochmals kurz durchkneten. Den Teig zu einem Rechteck (etwa 32 x 40 cm) ausrollen. Die Apfelmasse darauf verteilen, dabei an den kurzen Seiten einen 2 cm breiten Rand frei lassen.

5 Den Teig von der kurzen Seite her aufrollen. Die Rolle mit einem Sägemesser in 8 Scheiben schneiden. Teigscheiben auf ein Backblech (gefettet, mit Backpapier belegt) legen und zugedeckt so lange an einem warmen Ort gehen lassen, bis sie sich sichtbar vergrößert haben (etwa 15 Minuten).

6 Inzwischen den Backofen vorheizen.
Ober-/Unterhitze: etwa 200 °C, Heißluft: etwa 180 °C

7 Die Apfelschnecken mit Milch bestreichen und mit Zucker bestreuen. Das Backblech in den vorgeheizten Backofen schieben. Die Apfelschnecken **etwa 25 Minuten backen.**

8 Die Apfelschnecken mit dem Backpapier auf einen Kuchenrost ziehen und erkalten lassen.

Nussfladen mit Apfelscheiben

Zubereitungszeit: 40 Minuten, ohne Abkühlzeit | Backzeit: 15–20 Minuten je Backblech
12 Stücke | Pro Stück: E: 14 g, F: 29 g, Kh: 45 g, kJ: 1075, kcal: 275 | Für Kinder

Für den All-in-Teig:

100 g gemahlene Haselnusskerne

125 g Weizenmehl

1 gestr. TL Dr. Oetker Backin

120 g Zucker

1 Pck. Dr. Oetker Bourbon-Vanille-Zucker

2 Eier (Größe M)

6 EL Speiseöl

4 EL Buttermilch

Für den Belag:

etwa 400 g säuerliche Äpfel

1 EL Zitronensaft

12 Haselnusskerne

30 g gehobelte Haselnusskerne

120 g Aprikosenkonfitüre

1 EL Wasser

1 Gemahlene Haselnusskerne in einer Pfanne ohne Fett hellbraun rösten, auf einen Teller schütten und abkühlen lassen.

2 Für den Belag die Äpfel abspülen und schälen. Aus jedem Apfel waagerecht 6 etwa 1 cm dicke Scheiben schneiden. Mit einem Apfelausstecher die Kerngehäuse der Scheiben entfernen. Apfelscheiben mit Zitronensaft beträufeln.

3 Den Backofen vorheizen.
Ober-/Unterhitze: etwa 200 °C, Heißluft: etwa 180 °C

4 Für den Teig Mehl und Backpulver in einer Rührschüssel mischen. Zucker, Vanille-Zucker, Eier, Speiseöl, Buttermilch und geröstete Haselnusskerne hinzufügen. Die Zutaten mit einem Mixer (Rührstäbe) zunächst kurz auf niedrigster, dann auf höchster Stufe in etwa 1 Minute zu einem glatten Teig verarbeiten.

5 Mit einem Esslöffel jeweils 6 große Kleckse Teig auf zwei Backbleche (gefettet, mit Backpapier belegt) geben. Jeden Klecks mit einem Löffel zu einem runden Fladen (Ø 7–8 cm) verstreichen und mit einer Apfelscheibe belegen. In die Mitte jeder Apfelscheibe einen Haselnusskern geben. Die Backbleche nacheinander (bei Heißluft zusammen) in den vorgeheizten Backofen schieben. Nussfladen **15–20 Minuten je Backblech backen.**

6 Die Backbleche auf Kuchenroste stellen. Nussfladen erkalten lassen. Gehobelte Haselnusskerne in einer Pfanne ohne Fett goldbraun rösten, auf einen Teller schütten und erkalten lassen.

7 Konfitüre und Wasser in einem kleinen Topf zum Kochen bringen und sofort auf die Nussfladen streichen (stückige Konfitüre nach dem Aufkochen durch ein Sieb streichen). Gehobelte Nüsse auf die Apfelscheiben streuen. Konfitüre trocknen lassen.

Apfeltörtchen mit Creme

Zubereitungszeit: 70 Minuten, ohne Kühl- und Abkühlzeit | Backzeit: 20–30 Minuten
12 Stücke | Pro Stück: E: 3 g, F: 17 g, Kh: 38 g, kJ: 1358, kcal: 325 | Fruchtig

Für den Knetteig:

230 g Weizenmehl

1 Msp. Dr. Oetker Backin

100 g Zucker, 1 Prise Salz

1 EL kaltes Wasser

150 g Butter oder Margarine

Für die Füllung:

15 g Speisestärke, 50 g Zucker

1 Pck. Dr. Oetker Vanillin-Zucker

2 Eigelb (Größe M)

100 ml Milch, 200 g Schlagsahne

Zum Vorbacken:

etwa 400 g getrocknete Bohnen

Für den Belag:

350 g mittelgroße Äpfel,
z. B. Jonagold

200 ml Apfelsaft, klar

2 EL Zitronensaft

30 g Zucker

Für den Guss:

½ Pck. Tortenguss, klar, ungezuckert

1–2 EL Zucker

125 ml Saft von den Äpfeln
(evtl. mit Wasser aufgefüllt)

1 Für den Teig Mehl, Backpulver, Zucker und Salz in einer Rührschüssel mischen. Wasser und Butter oder Margarine hinzufügen. Die Zutaten mit einem Mixer (Knethaken) zunächst kurz auf niedrigster, dann auf höchster Stufe gut durcharbeiten. Den Teig auf der bemehlten Arbeitsfläche zu einem glatten Teig verkneten und zu einer Rolle formen. Teigrolle in Frischhaltefolie gewickelt etwa 60 Minuten kühl stellen.

2 Für die Füllung Speisestärke mit Zucker, Vanillin-Zucker, Eigelb, Milch und Sahne in einem Topf anrühren, unter Rühren zum Kochen bringen und aufkochen lassen. Direkt auf die Creme Frischhaltefolie legen, Creme erkalten lassen.

3 Den Backofen vorheizen.
Ober-/Unterhitze: etwa 200 °C, Heißluft: etwa 180 °C

4 Den Teig und die Arbeitsfläche mit Mehl bestäuben. Die Teigrolle in 12 gleich große Scheiben schneiden. Die Scheiben einzeln zu runden Platten (Ø etwa 8 cm) ausrollen. 12 Papierförmchen in die Muffinform setzen. Teigscheiben in die Förmchen legen und rundherum gleichmäßig bis zum Papierrand andrücken. Die Teigböden mit einer Gabel mehrfach einstechen.

5 Zwölf weitere Papierbackförmchen in die rohen Törtchen setzen und mit getrockneten Bohnen füllen. Die Form auf dem Rost in den vorgeheizten Backofen schieben. Die Törtchen **15–20 Minuten vorbacken.**

6 Nach 15–20 Minuten die Form aus dem Backofen nehmen. Obere Papierbackförmchen vorsichtig entfernen. Muffinform mit den vorgebackenen Törtchen wieder in den Backofen schieben. Die Törtchen **bei gleicher Backofeneinstellung weitere 5–10 Minuten backen.** Die Form auf einen Kuchenrost setzen, nach etwa 5 Minuten die Törtchen mit den Papierbackförmchen herausnehmen und auf dem Kuchenrost erkalten lassen.

7 Für den Belag Äpfel vierteln, Kerngehäuse entfernen. Die Apfelviertel der Länge nach in 3–5 mm dicke Spalten schneiden. Apfelsaft, Zitronensaft und Zucker in einem Topf zum Kochen bringen. Die Apfelspalten portionsweise in jeweils etwa 3 Minuten darin garen, mit der Schaumkelle vorsichtig herausnehmen und auf einem Sieb abtropfen lassen. Abtropfenden Saft auffangen, evtl. mit Wasser auf 125 ml auffüllen.

8 Creme in einen Spritzbeutel mit großer Lochtülle füllen und in die Törtchen spritzen. Für jedes Törtchen einige Apfelspalten wie Rosenblätter umeinanderlegen und auf die Creme geben.

9 Für den Guss aus Tortengusspulver, Zucker und aufgefangenem Saft nach Packungsanleitung ½ Portion Guss zubereiten und anschließend etwas abkühlen lassen. Den Guss auf den Apfelspalten verteilen. Guss fest werden lassen. Die Apfeltörtchen mit Creme bis zum Servieren kühl aufbewahren.

Apfelwaffeln

Zubereitungszeit: 45 Minuten

8 Stücke | Pro Stück: E: 5 g, F: 16 g, Kh: 40 g, kJ: 1390, kcal: 333 | Fruchtig

Für den Rührteig:

275 g säuerliche Äpfel

2–3 EL Zitronensaft

1 EL Zucker

100 g weiche Butter oder Margarine

125 g Zucker

1 Pck. Dr. Oetker Vanillin-Zucker

½ TL gemahlener Zimt

3 Eier (Größe M)

200 g Weizenmehl

½ TL Dr. Oetker Backin

75 g Crème fraîche

Für das Waffeleisen:

etwas Speiseöl,
z. B. Sonnenblumenöl

1 Das Waffeleisen auf höchster Stufe vorheizen (dabei die Gebrauchsanleitung des Herstellers beachten).

2 Für den Teig Äpfel schälen, vierteln, entkernen und raspeln. Die Apfelraspel mit Zitronensaft und Zucker mischen und beiseitestellen.

3 Butter oder Margarine mit einem Mixer (Rührstäbe) auf höchster Stufe geschmeidig rühren. Nach und nach Zucker, Vanillin-Zucker und Zimt unterrühren. So lange rühren, bis eine gebundene Masse entstanden ist. Jedes Ei etwa ½ Minute unterrühren.

4 Mehl mit Backpulver mischen und abwechselnd in 2 Portionen mit Crème fraîche kurz auf mittlerer Stufe unterrühren. Zuletzt die Apfelraspel unterrühren.

5 Das Waffeleisen auf mittlere Temperatur zurückschalten und mit einem Backpinsel fetten. Für jede Waffel etwa 2 Esslöffel Teig in das Waffeleisen geben und etwas verteilen. Die Waffeln goldbraun backen.

6 Anschließend herausnehmen und nebeneinander auf einem Kuchenrost erkalten lassen.

Tipp

Rühren Sie nach Belieben 50–75 g Rosinen oder Korinthen unter den Teig. Servieren Sie die restliche Crème fraîche dazu. Bestreuen Sie die Waffeln mit Zimt-Zucker.

Apfeltaschen

Zubereitungszeit: 65 Minuten, ohne Teiggeh- und Abkühlzeit I Backzeit: etwa 20 Minuten je Backblech

14 Stücke I Pro Stück: E: 5 g, F: 8 g, Kh: 23 g, kJ: 1085, kcal: 259 I Für Kinder

Für den Hefeteig:

200 ml Milch

50 g Butter oder Margarine

375 g Weizenmehl

1 Pck. Dr. Oetker Trockenbackhefe

50 g Zucker

1 Pck. Dr. Oetker Vanillin-Zucker

1 Prise Salz

1 Ei (Größe M)

Für die Füllung:

500 g Äpfel, z. B. Jonagold, Elstar

50 g Rosinen

40 g Zucker

20 g Butter

Zum Bestreichen und Bestreuen:

Milch

gehobelte Mandeln

Für den Guss:

100 g gesiebter Puderzucker

1 EL Zitronensaft

10 g Butter

1 Für den Teig die Milch leicht erwärmen und Butter oder Margarine darin zerlassen. Milch etwas abkühlen lassen. Mehl in einer Rührschüssel mit der Trockenbackhefe sorgfältig vermischen. Die restlichen Zutaten und die warme Milch-Fett-Mischung hinzufügen.

2 Die Zutaten mit einem Mixer (Knethaken) zunächst kurz auf niedrigster, dann auf höchster Stufe in etwa 5 Minuten zu einem glatten Teig verarbeiten. Den Teig leicht mit Mehl bestäuben und zugedeckt so lange an einem warmen Ort gehen lassen, bis er sich sichtbar vergrößert hat (etwa 30 Minuten).

3 Für die Füllung Äpfel schälen, vierteln, entkernen und in kleine Stücke schneiden. Die Apfelstücke mit Rosinen, Zucker und Butter unter Rühren in einem Topf andünsten und erkalten lassen.

4 Den Teig leicht mit Mehl bestäuben, aus der Schüssel nehmen und auf der leicht bemehlten Arbeitsfläche nochmals kurz durchkneten. Den Teig dünn ausrollen und 14 Kreise (Ø etwa 12 cm) ausstechen. Die Apfelmasse auf einer Hälfte jeder Teigplatte verteilen.

5 Den Rand jeder Teigplatte mit Milch bestreichen und die andere Teighälfte daraufklappen. Die Ränder mit einer Gabel oder einer Teigkarte gut andrücken. Die Apfeltaschen mit Milch bestreichen. Nach Belieben mit Mandeln bestreuen.

6 Die Apfeltaschen auf Backbleche (mit Backpapier belegt) legen und nochmals zugedeckt so lange an einem warmen Ort gehen lassen, bis sie sich sichtbar vergrößert haben (etwa 30 Minuten).

7 Inzwischen den Backofen vorheizen.
Ober-/Unterhitze: etwa 200 °C, Heißluft: etwa 180 °C

8 Die Backbleche nacheinander (bei Heißluft zusammen) in den vorgeheizten Backofen schieben. Die Apfeltaschen **etwa 20 Minuten je Backblech backen.**

9 Die Apfeltaschen mit dem Backpapier von den Backblechen auf Kuchenroste ziehen.

10 Für den Guss Puderzucker mit Zitronensaft zu einer dickflüssigen Masse verrühren. Butter zerlassen und unterrühren. Die heißen Apfeltaschen sofort damit bestreichen und erkalten lassen.

Apfel-Sahne-Muffins

Zubereitungszeit: 25 Minuten, ohne Abkühlzeit I Backzeit: etwa 25 Minuten

12 Stücke I Pro Stück: E: 4 g, F: 10 g, Kh: 22 g, kJ: 805, kcal: 192 I Raffiniert

Zum Vorbereiten:

etwa 250 g Äpfel, z. B. Gala
oder Braeburn

1 EL Zitronensaft

4 Scheiben Buttertoast (etwa 100 g)

Für den Teig:

100 g Weizenmehl

1 gestr. TL Dr. Oetker Backin

100 g Zucker

1 Pck. Dr. Oetker Vanillin-Zucker

1 Prise Salz

200 g Schlagsahne

1 EL neutrales Speiseöl

2 Eier (Größe M)

40 g gestiftelte Mandeln

1 Den Backofen vorheizen.
Ober-/Unterhitze: etwa 180 °C, Heißluft: etwa 160 °C

2 Zum Vorbereiten Äpfel heiß abspülen, trocken tupfen, vierteln und entkernen. Apfelviertel quer in Scheiben schneiden und mit Zitronensaft beträufeln. Toastbrotscheiben entrinden und in kleine Würfel schneiden.

3 Für den Teig Mehl, Backpulver, Zucker, Vanillin-Zucker und Salz in einer Rührschüssel mit einem Schneebesen verrühren.

4 Sahne, Speiseöl und Eier in einem Rührbecher mit dem Schneebesen verrühren.

5 Die flüssigen Zutaten zu der Mehlmischung in die Rührschüssel geben und zu einem glatten Teig verrühren. Toastbrotwürfel und Apfelscheiben mit einem Löffel unterrühren.

6 Den Teig in eine Muffinform (für 12 Muffins, gefettet, bemehlt) füllen. Mandeln darauf verteilen. Die Form auf dem Rost in den vorgeheizten Backofen schieben. Muffins **etwa 25 Minuten backen.**

7 Die Form auf einen Kuchenrost stellen. Muffins etwa 5 Minuten in der Form abkühlen lassen, dann aus der Form lösen und auf dem Kuchenrost erkalten lassen.

Tipp

Vor dem Servieren 50 ml Apfelsaft und 100 g Apfel- oder rotes Johannisbeergelee erhitzen, glatt rühren und auf die Muffins geben. Die Muffins schmecken warm besonders gut. Die Muffins können auch mit Nektarinen zubereitet werden.

Amaretto-Muffins

Zubereitungszeit: 40 Minuten, ohne Abkühlzeit I Backzeit: 30–35 Minuten
12 Stücke I Pro Stück: E: 4 g, F: 7 g, Kh: 28 g, kJ: 818, kcal: 196 I Raffiniert – mit Alkohol

Zum Vorbereiten:

2 mittelgroße, säuerliche Äpfel, z. B. Boskop

2 EL Zitronensaft

75 g Backpflaumen

2 EL Orangensaft

3 EL Amaretto-Likör

Für den Rührteig:

75 g Joghurtbutter

100 g Zucker

1 Pck. Dr. Oetker Vanillin-Zucker

6 Tropfen Dr. Oetker Amaretto-Bittermandel-Aroma

½ TL gemahlener Zimt

3 Eigelb (Größe M)

175 g Weizenmehl

3 TL Dr. Oetker Backin

3 Eiweiß (Größe M)

Zum Bestäuben:

Puderzucker

1 Zum Vorbereiten Äpfel schälen, halbieren und entkernen. Apfelhälften in etwa 12 gleich große Stücke schneiden. Mit Zitronensaft beträufeln. Backpflaumen, Orangensaft und Amaretto in einen hohen Rührbecher geben und fein pürieren.

2 Den Backofen vorheizen.
Ober-/Unterhitze: etwa 180 °C, Heißluft: etwa 160 °C

3 Für den Teig Butter mit einem Mixer (Rührstäbe) auf höchster Stufe geschmeidig rühren. Nach und nach Zucker, Vanillin-Zucker, Aroma und Zimt unterrühren. So lange rühren, bis eine gebundene Masse entstanden ist.

4 Eigelb nach und nach unterrühren. Pflaumenpüree unterrühren. Mehl mit Backpulver mischen und in 2 Portionen auf mittlerer Stufe unterrühren. Eiweiß steif schlagen und vorsichtig unterheben.

5 Jeweils einen Esslöffel Teig in je 1 Mulde einer Muffinform (für 12 Muffins, gefettet, mit Semmelbröseln ausgestreut) geben. Jeweils ein Apfelstück daraufgeben und mit dem restlichen Teig bedecken. Die Form auf dem Rost in den vorgeheizten Backofen schieben. Die Muffins **30–35 Minuten backen.**

6 Die Muffins etwa 10 Minuten in der Form stehen lassen, dann vorsichtig aus der Form lösen und auf einem Kuchenrost erkalten lassen. Die Muffins mit Puderzucker bestäubt servieren.

Garnieren Sie die Muffins mit Apfelschalen-streifen. Reichen Sie halbsteif geschlagene, mit Amaretto gewürzte Schlagsahne zu den lauwarmen Muffins.

Tipp

Allgemeine Hinweise

Abkürzungen

EL	=	Esslöffel
TL	=	Teelöffel
Msp.	=	Messerspitze
Pck.	=	Packung/Päckchen
g	=	Gramm
kg	=	Kilogramm
ml	=	Milliliter
l	=	Liter
evtl.	=	eventuell
Fl.	=	Fläschchen
geh.	=	gehäuft
gestr.	=	gestrichen
TK	=	Tiefkühlprodukt
°C	=	Grad Celsius

Kalorien-/Nährwertangaben

E	=	Eiweiß
F	=	Fett
Kh	=	Kohlenhydrate
kJ	=	Kilojoule
kcal	=	Kilokalorie

Hinweise zu den Rezepten

Lesen Sie vor der Zubereitung – besser noch vor dem Einkauf – das Rezept einmal vollständig durch. Oft werden Arbeitsabläufe oder -zusammenhänge dann klarer.

Zutatenliste

Die Zutaten sind in der Reihenfolge ihrer Bearbeitung angegeben.

Arbeitsschritte

Die Arbeitsschritte sind einzeln hervorgehoben, in der Reihenfolge, in der sie von uns ausprobiert wurden.

Zubereitungs- und Backzeiten

Die Zubereitungszeit ist ein Anhaltswert für die Zeit der Vorbereitung und die eigentliche Zubereitung. Sie variiert je nach Geschick und Übung. Die Backzeiten sind, in der Regel, gesondert ausgewiesen. Bei einigen Rezepten setzt sich die Gesamtbackzeit aus mehreren Teilbackzeiten zusammen. Längere Wartezeiten, z.B. Kühl- und Auftauzeiten, sind nicht miteinbezogen.

Backofeneinstellung

Die in den Rezepten angegebenen Backtemperaturen und -zeiten sind Werte, die je nach individueller Hitzeleistung Ihres Backofens über- oder unterschritten werden können. Die Temperaturangaben beziehen sich auf Elektrobacköfen. Beachten Sie bitte bei der Einstellung des Backofens die Gebrauchsanleitung des Herstellers. Die Temperatur-Einstellmöglichkeiten für Gasbacköfen variieren je nach Hersteller sehr stark, sodass wir keine allgemeingültigen Angaben machen können.

Einschubhöhe

Hohe und halbhohe Formen werden im Allgemeinen auf dem Rost auf die untere Einschubleiste geschoben, flache Formen auf die mittlere Einschubleiste. Blechkuchen gelingen am besten in der Mitte des Backofens. Abweichungen sind möglich und von der Ausführung Ihres Backofens abhängig. Beachten Sie daher auch die Angaben Ihres Herstellers.

Nur frische Eier verwenden

Bei der Zubereitung mit frischen Eiern nur Eier verwenden, die nicht älter als 5 Tage sind (Legedatum beachten!). Ei bzw. Eier in eine Edelstahlschüssel geben und im heißen Wasserbad mit einem Mixer (Rührstäbe) bei mittlerer Hitze aufschlagen, bis eine Temperatur von etwa 70 °C entsteht. Die Torten und Kuchen im Kühlschrank aufbewahren und innerhalb von 24 Stunden verzehren.

Kapitelregister

Alphabetisches Register

A

Genehmigte Lizenzausgabe für Verlagsgruppe Weltbild GmbH, Steinerne Furt, 86167 Augsburg

Copyright © 2012 by Dr. Oetker Verlag KG, Bielefeld

Redaktion   Jasmin Gromzik, Miriam Krampitz

Titelfoto   Walter Cimbal, Hamburg

Innenfotos   Walter Cimbal, Hamburg (S. 15, 17, 21, 23, 29, 39, 45, 47, 61, 71, 81, 121, 127, 137, 139, 141, 143, 145, 147)
Fotostudio Diercks, Hamburg (S. 7, 11, 13, 25, 31, 33, 37, 43, 49, 53, 55, 57, 59, 63, 65, 67, 73, 75, 79, 85, 89, 91, 93, 97, 99, 101, 103, 105, 107, 109, 113, 115, 119, 123, 125, 133, 135, 149, 151, 153, 155)
Ulli Hartmann, Halle/Westfalen (S. 95, 117)
Antje Plewinski, Berlin (S. 27, 83, 87, 131)
Anke Politt, Hamburg (S. 51)
Axel Struwe, Bielefeld (S. 111)
Winkler Studios, Bremen (S. 9, 19, 35)
Brigitte Wegner, Bielefeld (S. 41, 69, 77, 129)

Titelgestaltung   kontur:design GmbH, Bielefeld
Grafisches Konzept   kontur:design GmbH, Bielefeld
Gestaltung und Satz   MDH Haselhorst, Bielefeld

Druck und Bindung   Neografia, a.s. printing house, Martin

Die Autoren haben dieses Buch nach bestem Wissen und Gewissen erarbeitet. Alle Rezepte, Tipps und Ratschläge sind mit Sorgfalt ausgewählt und geprüft. Eine Haftung des Verlages und seiner Beauftragten für alle erdenklichen Schäden an Personen, Sach- und Vermögensgegenständen ist ausgeschlossen.

Printed in the EU
978-3-8289-2754-4

2014   2013   2012
Die letzte Jahreszahl gibt die aktuelle Lizenzausgabe an.
Einkaufen im Internet:

www.weltbild.de